まとめ上手

小学&中学入試 日本地理

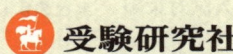
受験研究社

特色としくみ

○この本の特色

| 豊富で簡潔な図版・解説文, 一問一答式問題でまとめました。 | ＋ | 本がコンパクトで, 消えるフィルターを使えば問題集にもなります。 | → | 教科書や中学入試の要点を, いつでもどこでも素早く学習できます。 |

○この本のしくみ

パート1 要点チェック編

学習内容を4章26節に分け, 1節は4ページ構成です。章末にはまとめのページを設けました。

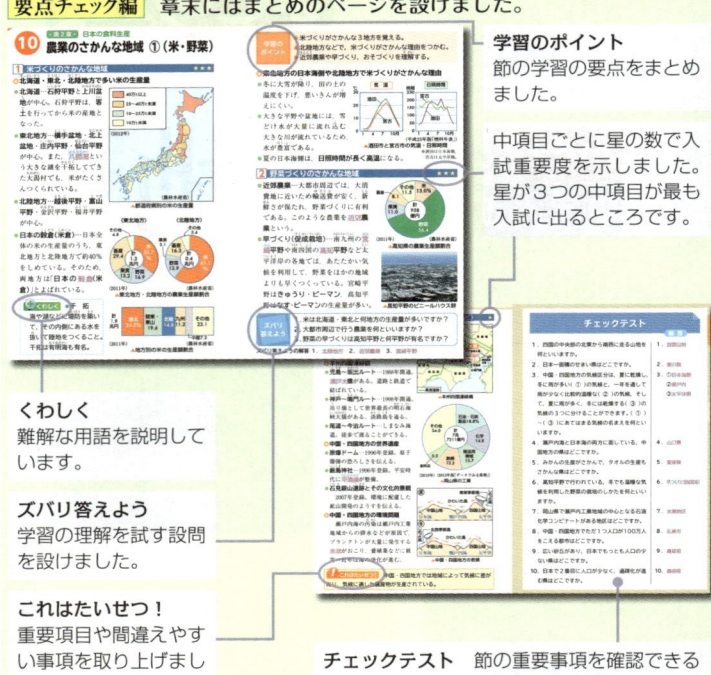

学習のポイント
節の学習の要点をまとめました。

中項目ごとに星の数で入試重要度を示しました。星が3つの中項目が最も入試に出るところです。

くわしく
難解な用語を説明しています。

ズバリ答えよう
学習の理解を試す設問を設けました。

これはたいせつ！
重要項目や間違えやすい事項を取り上げました。

チェックテスト 節の重要事項を確認できる一問一答式問題です。

- **資料のまとめ** 図や写真で章の内容をまとめました。
- **章末のまとめテスト** 章末に一問一答式問題と過去問「入試では」を設けました。

パート2 入試対策編

図・写真を使って入試頻出事項を, テーマごとに表形式でまとめました。

2　特色としくみ

目　次

日本地理

パート1　要点チェック編

第1章　日本の国土

1. 地球のすがたと世界の国々 …… 4
2. 日本の位置・領域と時差 …… 8
3. 日本の都道府県・地方区分と人口 …… 12
4. 日本の地形 …… 16
5. 日本の気候 …… 20
6. 公害と地球環境の保全 …… 24
7. 森林保全と自然災害の防止 …… 28
8. 地図の見方・使い方 …… 32
▶ 資料のまとめ ① …… 36
● 章末のまとめテスト ① …… 38

第2章　日本の食料生産

9. 日本の農業と米づくりのくふう …… 40
10. 農業のさかんな地域 ① …… 44
11. 農業のさかんな地域 ② …… 48
12. 日本の水産業 …… 52
13. 水産業のさかんな地域 …… 56
14. 食料自給率と食料の輸送 …… 60
▶ 資料のまとめ ② …… 64
● 章末のまとめテスト ② …… 66

第3章　日本の工業・資源・貿易

15. 日本の工業と自動車工業 …… 68
16. さまざまな工業 …… 72
17. 工業のさかんな地域 …… 76
18. 日本の資源・エネルギーと電力 …… 80
19. 日本の貿易 …… 84
20. 日本の運輸・情報 …… 88
▶ 資料のまとめ ③ …… 92
● 章末のまとめテスト ③ …… 94

第4章　日本各地のようす

21. 九州地方 …… 96
22. 中国・四国地方 …… 100
23. 近畿地方 …… 104
24. 中部地方 …… 108
25. 関東地方 …… 112
26. 東北地方・北海道地方 …… 116
▶ 資料のまとめ ④ …… 120
● 章末のまとめテスト ④ …… 122

パート2　入試対策編

1. 統計資料（日本の国土） …… 124
2. 統計資料（工業・エネルギー） …… 126
3. 統計資料（貿易・運輸） …… 128
4. 統計資料（日本地図） …… 130
5. 世界の国々 …… 132
6. 都道府県 …… 134
7. 日本地図 …… 136
8. さまざまな図 …… 138
9. 写真 …… 140
10. 用語 …… 142

パート1　要点チェック編

1 ・第1章・ 日本の国土
地球のすがたと世界の国々

1 六大陸・三大洋と世界の国々　★★★

（地図中の表記）
フランス／ドイツ／イギリス／ロシア連邦／ヨーロッパ州／ユーラシア大陸／アジア州／イタリア／エジプト／アフリカ大陸／インド／ベトナム／アフリカ州／サウジアラビア／インド洋／オーストラリア大陸／南アフリカ共和国／南極大陸

くわしく ●**六大陸**…ユーラシア大陸・アフリカ大陸・北アメリカ大陸・南アメリカ大陸・オーストラリア大陸・南極大陸。
●**三大洋**…太平洋・インド洋・大西洋。

4　第1章　日本の国土

| 学習の
ポイント | ● 世界の大陸・海について理解する。
● 世界のおもな国々を知る。
● 世界地図の種類を知る。 |

| ズバリ
答えよう | 1. 六大陸の名前を答えられますか？
2. 三大洋の名前を答えられますか？ |

ズバリ答えようの解答 1. ユーラシア大陸・北アメリカ大陸・南アメリカ大陸・アフリカ大陸・オーストラリア大陸・南極大陸
2. 太平洋・大西洋・インド洋

1．地球のすがたと世界の国々

2 地球儀と世界地図

✪ 世界地図

- **地球儀**は、地球を縮小したもので、地球のすがたがそのまま表されている。
- 世界地図は、球の形をした地球のすがたを平面の図に表して見やすくしたものなので、地球のすがたを完全に正しくは表すことができない。

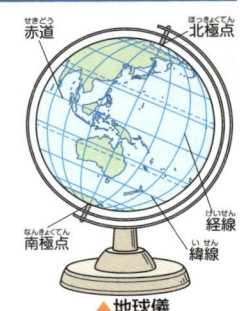
▲地球儀

✪ 地球上の位置の表し方

地球儀や地図には、縦線と横線が引かれている。縦線は、経度を表す**経線**で、横線は緯度を表す**緯線**である。経度と緯度で地球上の位置を示すことができる。

✪ メルカトル図法

- 経線と緯線が垂直に交わる。
- 高緯度の地域ほど面積が拡大される。
- 2点間を結んだ直線は、つねに経線と一定の角度で交わる**等角航路**で、船の航行のための航路図として利用される。
- 方位を誤りやすい。

▲メルカトル図法の世界地図

✪ 正距方位図法

- 図の中心からのきょりと方位が正しい。
- 中心とある地点のきょりは、最短きょりである**大圏航路**であるため、航空図に利用されている。

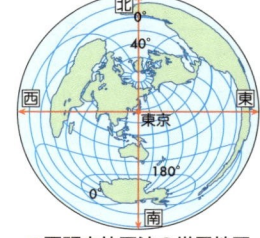
▲正距方位図法の世界地図

> **これはたいせつ！** 世界地図はそれぞれ特ちょうがあり、どれも完全に正しく地球のすがたを表すことができない。

チェックテスト

解答

1. 世界でもっとも大きな大陸は，何という大陸ですか。
2. 日本の真南にある大陸は何大陸ですか。
3. 三大洋は，太平洋・インド洋と何洋ですか。
4. 三大洋のうちもっとも広いのは何洋ですか。
5. 日本列島の西に位置する海洋は何海ですか。
6. ユーラシア大陸にある世界でもっとも面積が大きい国は何ですか。
7. アメリカ合衆国やカナダがある大陸は何大陸ですか。
8. エジプトや南アフリカ共和国がある大陸は何大陸ですか。
9. ブラジルやアルゼンチンがある大陸は何大陸ですか。
10. 六大陸のうち，どこの国にも属さない大陸は何大陸ですか。
11. おもに船の航行のための航路図として利用される世界地図の図法は何図法ですか。
12. 図の中心からのきょりと方位が正しく，おもに航空図に使われる世界地図の図法は何図法ですか。

1. ユーラシア大陸
2. オーストラリア大陸
3. 大西洋
4. 太平洋
5. 日本海
6. ロシア連邦
7. 北アメリカ大陸
8. アフリカ大陸
9. 南アメリカ大陸
10. 南極大陸
11. メルカトル図法
12. 正距方位図法

パート1　要点チェック編

2 ・第1章・ 日本の国土
日本の位置・領域と時差

1 日本のはんい ★★★

▲日本のはしとまわりの国々

- 日本は，ユーラシア大陸の東に位置する島国といえる。また，ヨーロッパから見て「極東にある国」といういいかたがある。
- 日本の北のはしは択捉島で，南のはしは沖ノ鳥島である。北のはしから南のはしまでのきょりは，およそ3000kmで，弓形に連なっている。
- 日本の国土はすべて，**太平洋**や**日本海**，**東シナ海**などの海に囲まれている。

> **くわしく** ● **日本のはんい**…南北はおよそ北緯20度から北緯46度まで，東西はおよそ東経122度から154度までとなっている。

8　第1章　日本の国土

| 学習の
ポイント | ● 日本のまわりの国々を知る。
● 日本のはんいを知る。
● 時差について知る。 |

2 日本のまわりの国々 ★★

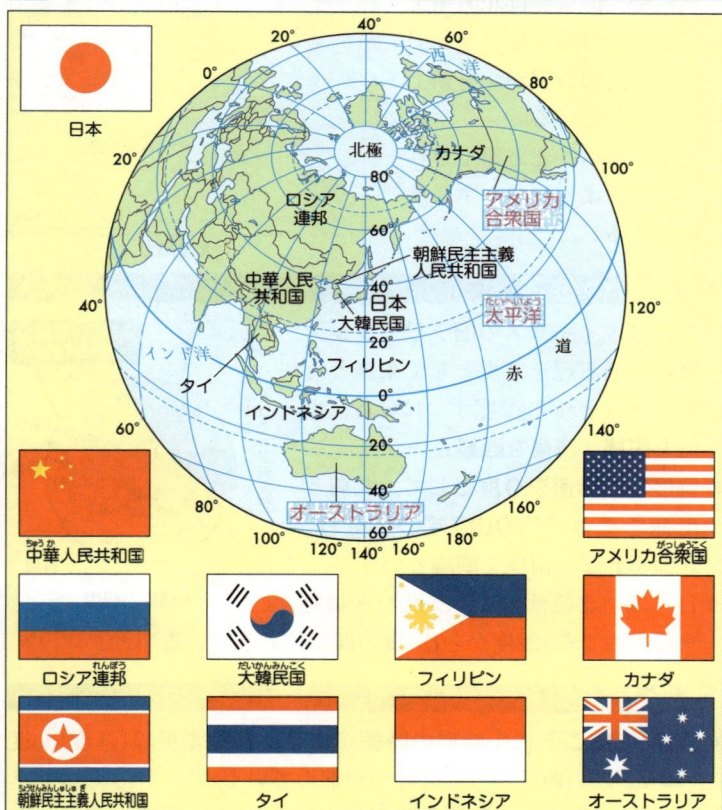

> ズバリ
答えよう

1. 日本は何大陸の東側にあるか答えられますか？
2. 北方領土の島々の名前を答えられますか？
3. 日本の北から南のはしまでのきょりを答えられますか？

ズバリ答えようの解答　1. ユーラシア大陸　2. 択捉島・歯舞群島・色丹島・国後島
3. およそ3000km

2．日本の位置・領域と時差

3 北方領土 ★★★

- 第二次世界大戦後，ソビエト連邦（ソ連）が占領した島島である択捉島，歯舞群島，色丹島，国後島は**北方領土**とよばれる。今はソ連を引きついだ**ロシア**が北方領土を占領している。
- 日本政府は，北方領土を日本に返すようにロシアに求めている。

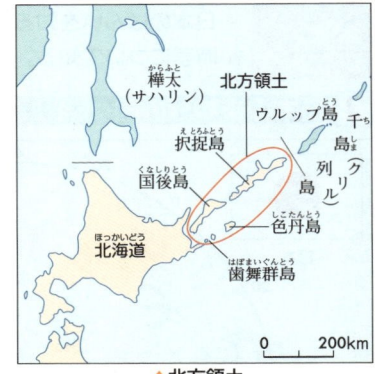

▲北方領土

4 日本の位置 ★★

- **経度**は，イギリスの**旧グリニッジ天文台**を通る線を0度として東側と西側をそれぞれ180度ずつに分け，東側を**東経**，西側を**西経**という。
- **緯度**は，**赤道を0度**として，北側と南側をそれぞれ**90度ずつ**に分け，北側を**北緯**，南側を**南緯**という。
- 日本は，北緯はおよそ20度から46度，東経はおよそ122度から154度の間に位置している。

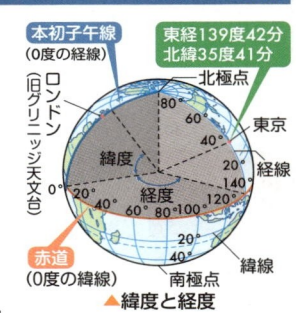

▲緯度と経度

5 時差 ★

- **経度15度**ごとに1時間の**時差**があり，日付変更線（経度180度のあたり）の西側から順に時間が進んでいく。
- 日本の**標準時**は，**兵庫県明石市**を通る**東経135度**の経線を基準にして決められている。
- イギリスと日本との間には，**9時間**の時差がある。

> **これはたいせつ！** 時差は，時差＝経度の差÷15で求められる。

チェックテスト

解答

1. 日本の東のはしは何島ですか。 — 1. 南鳥島
2. 日本の西のはしは何島ですか。 — 2. 与那国島
3. 日本の南のはしは何島ですか。 — 3. 沖ノ鳥島
4. 日本の北のはしは何島ですか。 — 4. 択捉島
5. 日本の南のはしの島は、どの都道府県に属しますか。 — 5. 東京都
6. 日本列島は、何大陸の東側にそって北東から南西に弓形に連なった島国ですか。 — 6. ユーラシア大陸
7. 日本列島の東側に広がる大きな海は何ですか。 — 7. 太平洋
8. 日本列島でいちばん大きな島は何ですか。 — 8. 本州
9. 日本列島は北から南まで約何kmありますか。 — 9. 約3000km
10. 右の地図を見て答えなさい。

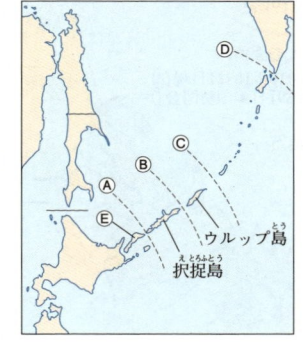

   (1) 日本政府が主張している国境線を地図のⒶ～Ⓓから選びなさい。 — (1) Ⓑ

   (2) Ⓔの島の名前を答えなさい。 — (2) 国後島

11. 日本の標準時子午線は、兵庫県の瀬戸内海に面する何市の東部を通りますか。 — 11. 明石市
12. 日本の標準時子午線は、東経何度の経線ですか。 — 12. 135度
13. 1時間の時差がある地域の、経度のちがいは何度ですか。 — 13. 15度

2. 日本の位置・領域と時差

3 日本の都道府県・地方区分と人口

・第1章・ 日本の国土

1 地方区分と面積　★★★

- 国土はふつう，8つの地方に分けられる。
- 中部地方は**北陸・中央高地・東海**に分けられる。
- 中国地方は**山陰・山陽**に分けられる。

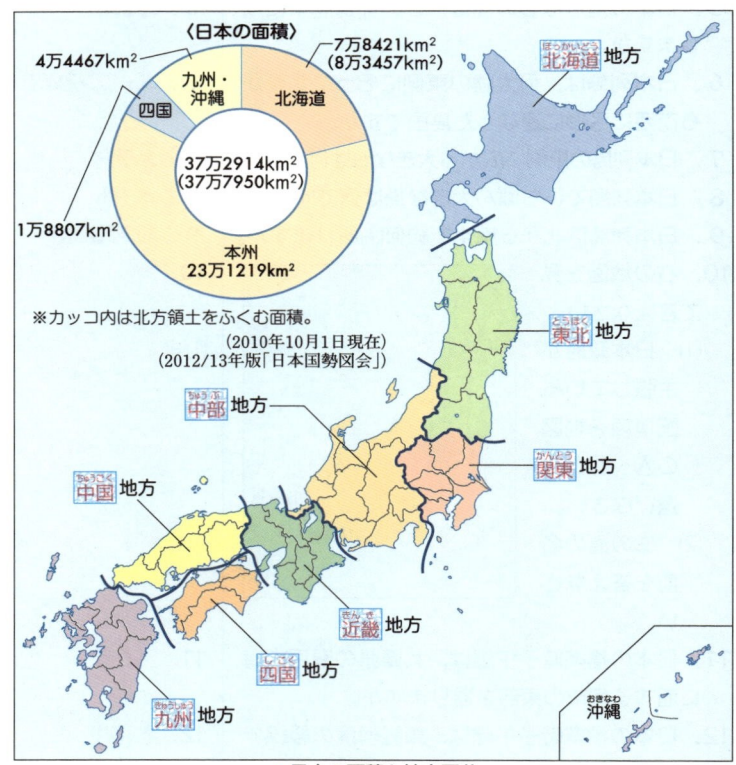

▲日本の面積と地方区分

> **くわしく** ●日本の8つの地方…北海道・東北・関東・中部・近畿・中国・四国・九州。

| 学習の
ポイント | ● 日本の8つの地域区分を知る。
● 日本の人口が多い地域を知る。
● 日本の都道府県と県庁所在地を知る。 |

2 都道府県と都道府県庁の所在地 ★★★

• 都道府県庁所在地

※ 　　市は，都道府県名と都道府県庁所在地名がちがうもの。

※ 都道府県名と都道府県庁所在地名が同じ場合，市名の表示を省略。

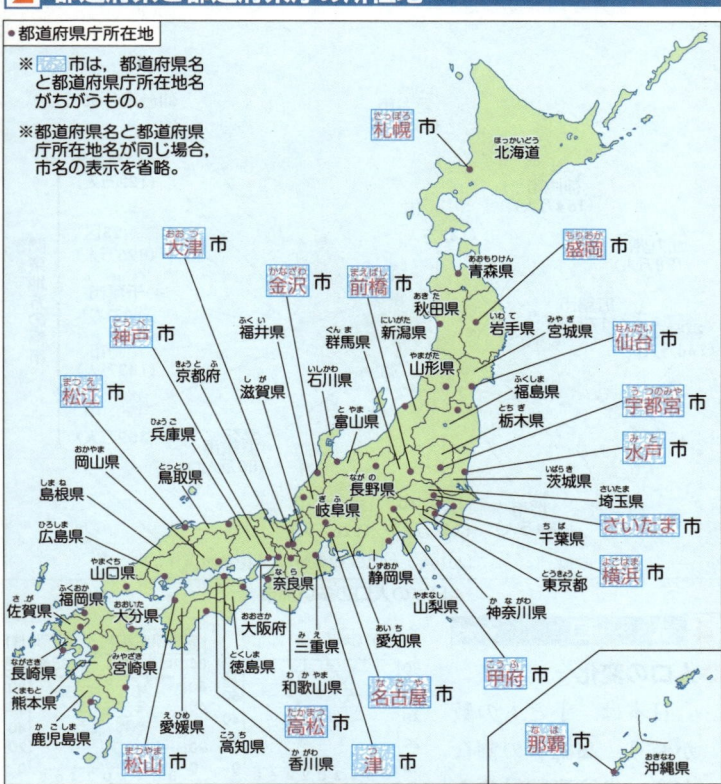

▲都道府県名と都道府県庁の所在地

| ズバリ
答えよう | 1. 日本はふつう，いくつの地方に分けられるか答えられますか？
2. 日本でもっとも人口の多い都市を答えられますか？
3. 日本の1道がどこか答えられますか？ |

ズバリ答えようの解答 1. 8つ 2. 東京 3. 北海道

3 特に人口の多い都市 ★★

※ここにあげた東京を除く16都市と、東から相模原市・静岡市・岡山市・熊本市が政令指定都市。

札幌市（191万人）
仙台市（105万人）
新潟市（81万人）
さいたま市（122万人）
東京23区（895万人）
千葉市（96万人）
川崎市（143万人）
横浜市（369万人）
関東地方の都市
神戸市（154万人）
京都市（147万人）
北九州市（98万人）
広島市（117万人）
福岡市（146万人）
浜松市（80万人）
堺市（84万人）
大阪市（267万人）
名古屋市（226万人）

(2010年)（2012/13年版「日本国勢図会」）

▲日本の人口の多い都市

4 人 口 ★★

✿人口の変化

日本は、子どもの数が減り、高齢者の割合が高い**少子高齢社会**をむかえている。

▲人口の変化（左）と過疎・過密地域の人口構成（右）
（2012/13年版「日本国勢図会」）（2012年）（川崎市・昭和村）

✿人口の分布

- 平野に人口が集中し、農山村などでは人口が減少傾向にある。
- 大都市は**過密地域**となり、人口にしめる若者の割合が高い。農山村などは**過疎地域**となりがちで、高齢者の割合が高い。

チェックテスト

解 答

1. 日本の総面積は、約何万km²ですか。
2. 日本の都道府県はいくつありますか。
3. 2府とはどことどこですか。
4. 日本の県はいくつありますか。
5. ひらがなで書かれる県庁所在地はどこですか。
6. 本州でもっとも北にある県は何県ですか。
7. 日本は4つの大きな島と多数の島々からなりますが、もっとも大きな島を何といいますか。
8. 人口が多い大都市が集中している地域は何ベルトですか。
9. 地図を見て答えなさい。
   (1) 次の地方は地図中のA～Hのどれですか。
      ①中部地方
      ②近畿地方
   (2) 次の①～③の県は、地図中のA～Hのどの地方にありますか。
      ①岐阜県　②埼玉県　③徳島県

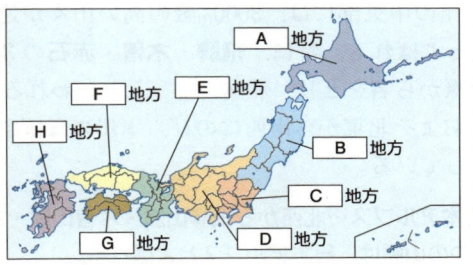

1. 38
2. 47
3. 大阪府
   京都府
4. 43
5. さいたま市
6. 青森県
7. 本州
8. 太平洋ベルト
9.
   (1)①D
      ②E
   (2)①D
      ②C
      ③G

日本の地形

1 日本のおもな山地 ★★★

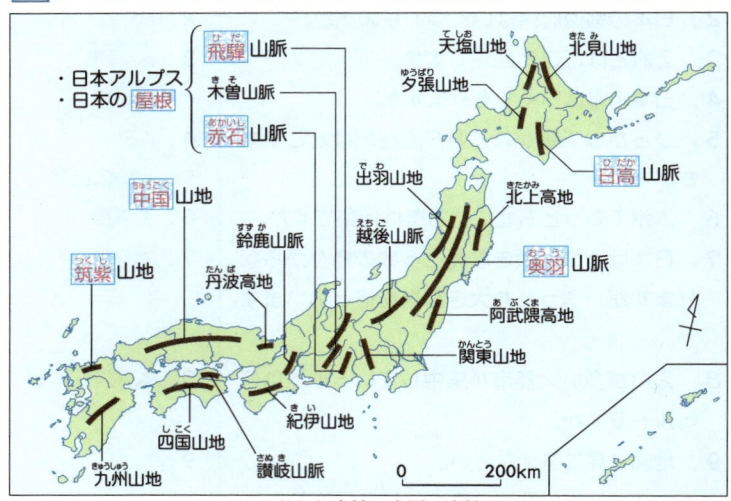

▲おもな山地・山脈・高地

- **山　地**…いくつかの山が集まって、1つのまとまりをつくっているところ。
- **山　脈**…山地のうち、山のみねがつながって続いているもの。
- **高　地**…山地のうち、表面がなだらかになっているもの。
- **高　原**…山地の中で、表面が平らになっているところ。
- 「**日本の屋根**」…本州の中央部には、3000m級の高い山々が連なり、「**日本の屋根**」とよばれる。特に、飛驒・木曽・赤石の3山脈は、アルプス山脈から名をとり、日本アルプスといわれる。
- 日本の山地は、おおよそ北東から南西にのび、本州のほぼ中央を背骨のように走っている。

> **くわしく** ●**日本アルプス**…北西から飛驒山脈・木曽山脈・赤石山脈と並ぶ3つの山脈は、日本アルプスとよばれる。

学習の ポイント	● 日本の山地や山脈を知る。 ● 日本のおもな川と平野を知る。 ● 日本の地形の特ちょうを知る。

2 日本のおもな川と平野 ★★★

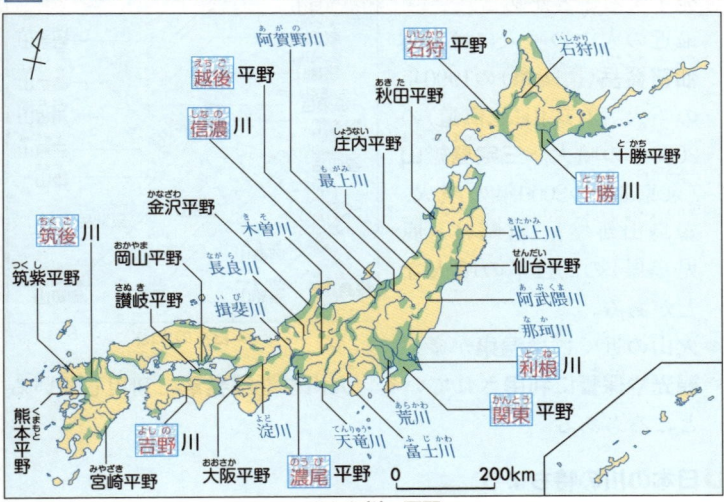

▲おもな川・平野

- ● 平　地…山がなく，平らになっているところ。
- ● 平　野…平地のうち，海に面しているもの。
- ● 盆　地…平地のうち，まわりを山に囲まれているもの。
- ● 台　地…平野や盆地の中で，まわりより高くなっている平らなところ。

3 山地の多い国土 ★★★

日本の国土のおよそ**4分の3**は山地である。

ズバリ 答えよう	1. 本州の中央部に連なる高い山々を指して何というか答えられますか？ 2. 関東地方一帯に広がる平野の名前を答えられますか？

ズバリ答えようの解答　1．日本アルプス（日本の屋根）　2．関東平野

✪火山の被害とめぐみ

- 噴火の可能性がある活火山が多く、火山の噴火で火砕流がおきたり、有毒ガスが発生することがある。
- 最近の火山の噴火には、**雲仙普賢岳**(長崎県)の1990年の噴火、有珠山(北海道)の2000年の噴火、**三宅島雄山**(東京都)の2000年の噴火、霧島山新燃岳(宮崎県・鹿児島県)の2011年の噴火などがある。
- 火山の近くには**温泉**が多く、**観光や保養に利用**されている。火山を地熱発電に利用しているところもある。

▲日本の火山

✪日本の川の特ちょう

- 日本は、**国土のはばがせまく、山地から海までのきょりが短い**ため、**外国に比べて川の長さが短く、流れが急**であるという特ちょうがある。また、つゆや台風のほか、雪どけ水などにより、**川の水量は季節ごとに大きくかわる**。
- 平野の多くは、川ぞいや河口あたりに広がっている。
- 川が土地よりも上を流れている地域もあり、堤防で囲むなどのくふうがなされている。岐阜県海津市のように、堤防で囲まれた地域を輪中という。
- 川ぞいの地域では水が豊富にあるため、それを利用した稲作や畑作がさかんである。

> **これはたいせつ!** 輪中では、堤防で土地を囲ったり、川の流れを変える治水事業によって水害に備えている。

チェックテスト

解答

- 1．いくつかの山が集まってつくる1つのまとまりは何ですか。
- 2．1.のうち山のみねが連なり続いているものは何ですか。
- 3．日本の国土のほぼどれだけが山地ですか。分数で答えなさい。
- 4．雲仙普賢岳のように，今も活動し，噴火の可能性がある火山は何ですか。
- 5．火山の周辺に多くあり，観光や保養に利用されているものは何ですか。
- 6．次の地図を見て答えなさい。
  - (1) 地図中①，②の山脈名を書きなさい。
  - (2) 地図中③，④の平野名を書きなさい。
  - (3) 地図中の◯◯は，日本の何とよばれていますか。
- 7．日本の平野は大平野が少なく，山の出入りが多いので，分散しているが，工業用地や何用地として利用されていますか。
- 8．日本の川は短く，山地からすぐに海に入るので，流れは何といえますか。
- 9．まわりを山に囲まれた平地は何ですか。
- 10．平地のうち,海に面しているものは何ですか。

1．山地

2．山脈

3．4分の3

4．活火山

5．温泉

6．
(1) ① 木曽山脈
  ② 赤石山脈

(2) ③ 越後平野
  ④ 濃尾平野

(3) 屋根

7．農業用地

8．急

9．盆地

10．平野

パート1　要点チェック編

5 ・第1章・ 日本の国土
日本の気候

1 日本の気候区分　★★★

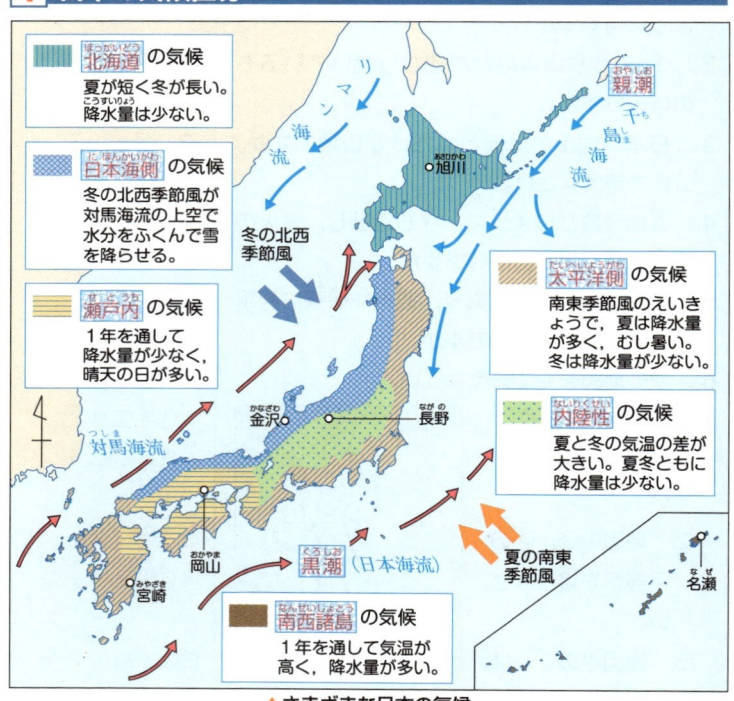

北海道の気候
夏が短く冬が長い。降水量は少ない。

日本海側の気候
冬の北西季節風が対馬海流の上空で水分をふくんで雪を降らせる。

瀬戸内の気候
1年を通して降水量が少なく，晴天の日が多い。

太平洋側の気候
南東季節風のえいきょうで，夏は降水量が多く，むし暑い。冬は降水量が少ない。

内陸性の気候
夏と冬の気温の差が大きい。夏冬ともに降水量は少ない。

南西諸島の気候
1年を通して気温が高く，降水量が多い。

地図中の地名：親潮（千島海流）、旭川、対馬海流、金沢、長野、岡山、宮崎、黒潮（日本海流）、名瀬、冬の北西季節風、夏の南東季節風

▲さまざまな日本の気候

- 日本の気候は，**季節風**や**暖流・寒流**のえいきょうを受けている。
- 日本は世界の気候区分でみると，一部の地域を除いて温帯に属している。
- 日本列島は南北に細長く，北と南では気候がかなりちがい，四季の移り変わりがはっきりしている。

くわしく ●日本の気候…地球規模の気候帯では温帯と冷帯（亜寒帯），日本の中での気候区分では6つの区分に分けられる。

学習のポイント
- 日本の6つの気候区分を知る。
- 日本の6つの気候区分の特ちょうを理解する。
- 日本の1年の気候の変化の特ちょうを理解する。

2 日本各地の気温と降水量 ★★★

北海道の気候
旭川　年平均気温 6.9℃　年降水量 1042mm
冬の気温が 低い 。

南西諸島の気候
名瀬　年平均気温 21.6℃　年降水量 2838mm
年中気温が 高い 。

太平洋側の気候
宮崎　年平均気温 17.4℃　年降水量 2509mm
夏 の降水量が多い。

日本海側の気候
金沢　年平均気温 14.6℃　年降水量 2399mm
冬 の降水量が多い。

内陸性の気候
長野　年平均気温 11.9℃　年降水量 933mm
夏冬の気温差が 大きい 。

瀬戸内の気候
岡山　年平均気温 16.2℃　年降水量 1106mm
降水量が 少なく 温暖。

(平成25年版「理科年表」)

▲各地の雨温図

ズバリ答えよう
1. 日本の6つの気候区分を答えられますか？
2. 瀬戸内の気候の降水量の特ちょうを答えられますか？
3. 日本が属する2つの気候帯を答えられますか？

ズバリ答えようの解答
1. 北海道・太平洋側・内陸性・南西諸島・日本海側・瀬戸内
2. 少ない
3. 温帯・冷帯(亜寒帯)

5. 日本の気候

- 日本列島は南北に細長く、地域による気候のちがいが大きい。
- 夏には南東からのあたたかく湿った季節風がふき、冬には冷たく乾燥した北西からの季節風がふく。
- 冬の季節風は、日本海を北上する対馬海流の上空で水分をふくみ、日本海側に雪を多く降らせる。また、太平洋側に晴天をもたらす。

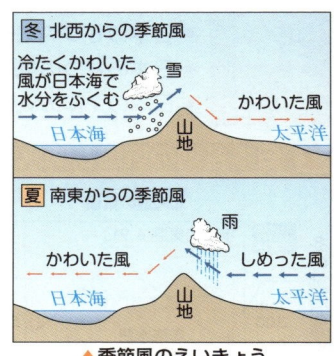

▲季節風のえいきょう

- 6月から7月の中ごろにかけて、つゆとよばれる雨が続く時期がある。
- 日本は、夏から秋にかけて、強い風と雨をともなう**台風**の通り道となり、大きな被害をうけることがある。
- 沖縄県は、1年を通じてあたたかいが、台風が多く接近する地域でもあり、家のまわりを石垣で囲んだり、**防風林**を植えたりして台風の被害を減らすくふうをしている。
- 同じ緯度であっても、海岸ぞいの平野と内陸の高地では、気候に差がある。これは、標高のちがいによって気温に差があるためである。

> **これはたいせつ！** 日本の気候は、夏の南東からの季節風、冬の北西からの季節風の大きなえいきょうを受けている。

3 世界の気候帯

世界の気候は大きく5つの気候帯に分けられる。赤道に近く、年中高温な熱帯、北極や南極に近く気温の低い寒帯、日本がふくまれる温帯、温帯より低温の冷帯(亜寒帯)、1年中雨が少ない乾燥帯。

チェックテスト

解答

1. 日本列島は、いくつの気候区分に分けられますか。

2. 北海道の気候は、どの気候帯に属しますか。

3. 夏は降水量が多く、むし暑く、冬は降水量が少ないのはどの気候区分ですか。

4. 夏と冬の気温の差が大きく、夏冬ともに降水量が少ないのはどの気候区分ですか。

5. 6月から7月の中ごろにかけて、九州地方から東北地方にかけて降り続く長雨のことを何といいますか。

6. 夏から秋にかけて、強い風と雨をともなって日本列島に接近するものは何ですか。

7. 夏と冬とで反対の方向から決まってふく風を何といいますか。

8. 冬の降水量は、太平洋側と日本海側とではどちらが多いですか。

9. 右の地図を見て答えなさい。

    (1) ①②は季節によってふく風を表しています。夏にふく風はどちらですか。

    (2) Aの気候を何といいますか。

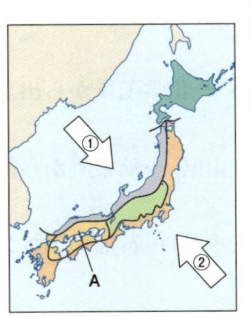

1. 6つ

2. 冷帯(亜寒帯)

3. 太平洋側の気候

4. 内陸性の気候

5. つゆ(梅雨)

6. 台風

7. 季節風

8. 日本海側

9.

(1) ②

(2) 瀬戸内の気候

パート1　要点チェック編

6 ・第1章・ 日本の国土
公害と地球環境の保全

1 わが国で発生した公害　★★

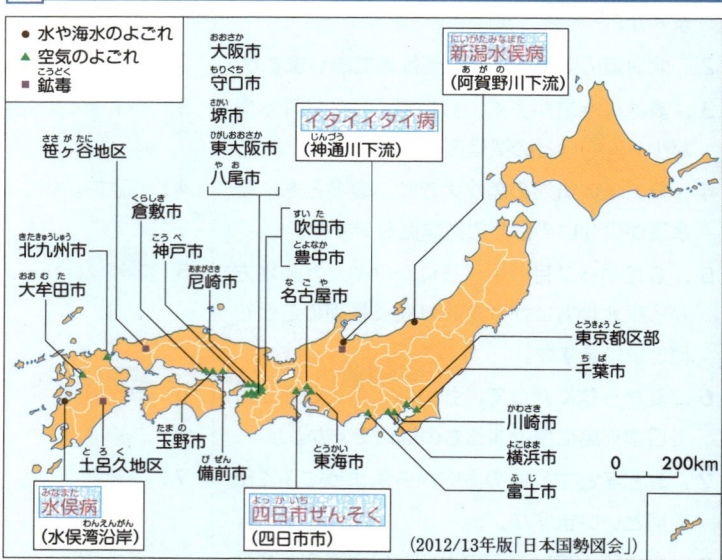

▲2010年までに国が認めた公害病患者のいる地域

- **水俣病**(熊本県・鹿児島県)…化学工場から排出された有機水銀が原因。
- **新潟水俣病**(新潟県)…化学工場から出された廃水の有機水銀が原因。
- **イタイイタイ病**(富山県)…鉱業所から排出されたカドミウムが原因。
- **四日市ぜんそく**(三重県)…石油化学コンビナートからの亜硫酸ガスが原因。

> 🔍 くわしく ●**公　害**…高度経済成長期の工業の発展によって問題になってきた，人体や環境に害をあたえるもの。

学習の ポイント	● 日本で発生した公害を知る。 ● 地球の環境問題を知る。 ● 環境問題への取り組みを理解する。

2 地球環境問題 ★★

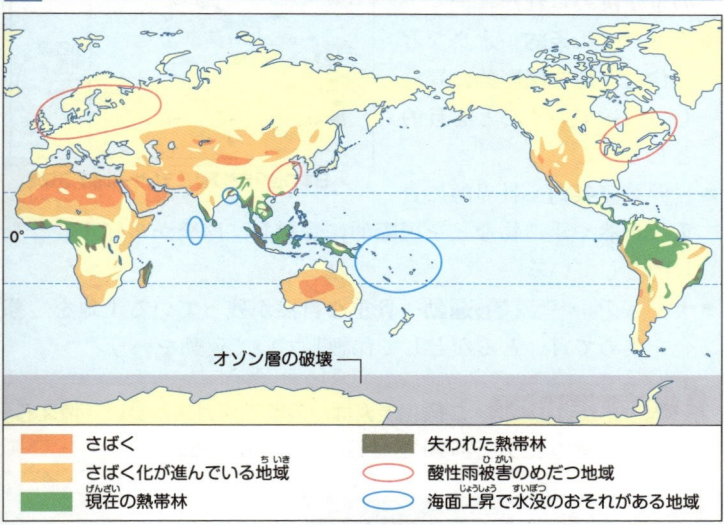

▲世界の環境問題

- **酸性雨**が降る…木がかれたり、湖の生き物が死ぬ。
- **さばく化**が進みだす…農業などができなくなる。
- **熱帯林が減少する**…さばく化が進む。
- **地球の温暖化**が進む…空気中に二酸化炭素が増えることが大きな原因で、地球温暖化のために南極や北極の氷がとけ、海水面があがり、国土が水没するおそれがある。
- **オゾン層の破壊**…皮ふがんになる人が増える。

ズバリ 答えよう	1. 四大公害病を答えられますか？ 2. 近年減少している熱帯地方の森林を答えられますか？ 3. フロンガスによってこわされるのは何層か答えられますか？

ズバリ答えようの解答 1. 水俣病・新潟水俣病・イタイイタイ病・四日市ぜんそく
2. 熱帯林 3. オゾン層

- 地球温暖化の防止を目指し，京都議定書が2005年2月に発効し，日本をふくむ先進諸国が減らす温室効果ガスの量が決められた。

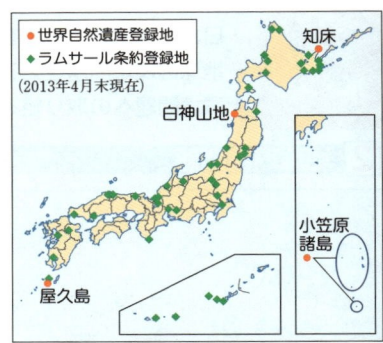

▲日本の世界自然遺産とラムサール条約登録地

- ラムサール条約…水鳥などが住む湿地を国際的に登録して守っていくことを目的としている。
- 世界遺産条約…世界的に貴重な自然や建造物などを国際的に登録し，開発から守ることを目的としている。
- ナショナルトラスト運動…貴重な自然が残っている土地を，募金を集めて買いとるなどして保護していく運動をいう。

> **これはたいせつ！** 二酸化炭素は，温室効果ガスといい，増えると地球を温室のように温暖化させるはたらきがある。

3 公害の種類　★★

- 大気汚染…工場や自動車の排出ガスなどにふくまれる有害物質の量が空気中で多くなり空気がよごれること。
- 水質汚濁…工場や家庭からの排水，農薬などが川や海・湖に流れ込むことにより，水がよごれること。

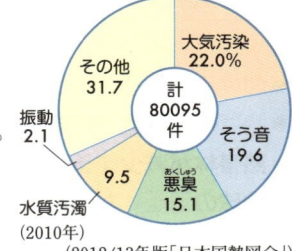

▲公害別苦情件数

- 土壌汚染…工場や産業廃棄物処理場からもれ出す有害物質，農薬，化学肥料などが地面にしみ込み，土がよごれること。
- そう音…自動車・空港・工事現場などから発生するやかましい音。
- 振動…交通量の多い道路や工事現場などから発生するゆれ。
- 地盤沈下…地下水のくみあげなどにより，土地が低くなること。

チェックテスト

解答

1. 熊本県の水俣湾周辺で起こった公害病は，何が原因でしたか。
   1. 有機水銀（メチル水銀）

2. 富山県の神通川下流域で発生した公害病を何といいますか。
   2. イタイイタイ病

3. 四大公害病のうち，三重県で発生したものは何ですか。
   3. 四日市ぜんそく

4. 工場や自動車の排出ガスなどにふくまれる有害物質が空気をよごすことで発生する公害は何ですか。
   4. 大気汚染

5. 空港の近くや，高速道路・新幹線の線路にそった地域，工事現場のそばなどでは，どんな公害が起こりやすいですか。
   5. そう音

6. 森をからしたり，湖の魚を死なせたりする雨を何といいますか。
   6. 酸性雨

7. 熱帯林が減少し，農業などができなくなる環境問題は何ですか。
   7. さばく化

8. 地球の気温が上がり，南極などの氷がとけて海水面が上がる環境問題は何ですか。
   8. 地球温暖化

9. 地球の外がわの大気にあって，わたしたちを紫外線から守ってくれるものは何ですか。
   9. オゾン層

10. 地球温暖化防止を目指し，2005年2月に発効したのは何議定書ですか。
    10. 京都議定書

11. 9.をこわしているのは何というガスですか。
    11. フロンガス

12. 地球温暖化のおもな原因は，何が増えているからですか。
    12. 二酸化炭素

・第1章・ 日本の国土
7 森林保全と自然災害の防止

1 森林のはたらき ★★

図中のラベル：
- 災害（山くずれ，風や雪の害など）を防ぐ
- 水をたくわえる
- きれいな水を生み出す
- 動物たちのすまい
- 空気をきれいにする
- 木材をつくり出す
- 音を吸収する

▲さまざまな森林のはたらき

- 自然にできた森林を**天然林**，人の手で植林してつくったものを**人工林**という。**秋田すぎ・青森ひば・木曽ひのき**は天然の三大美林，**吉野すぎ・尾鷲ひのき・天竜すぎ**は人工の三大美林といわれている。
- 森林には，木材をつくり出す資源としてだけではなく，さまざまなはたらきがある。
- 森林の栄養分が川から海に流れると，海の資源が豊かになる。

> **これはたいせつ！** 森林は，二酸化炭素を吸収して酸素を放出するはたらきもあり，地球温暖化防止にも役立っている。

28 第1章 日本の国土

| 学習の
ポイント | ● 森林の役割を知る。
● 自然災害を防止するためにできることを理解する。
● 自然災害が起こった場合の対応について知る。 |

2 日本の自然災害 ★★

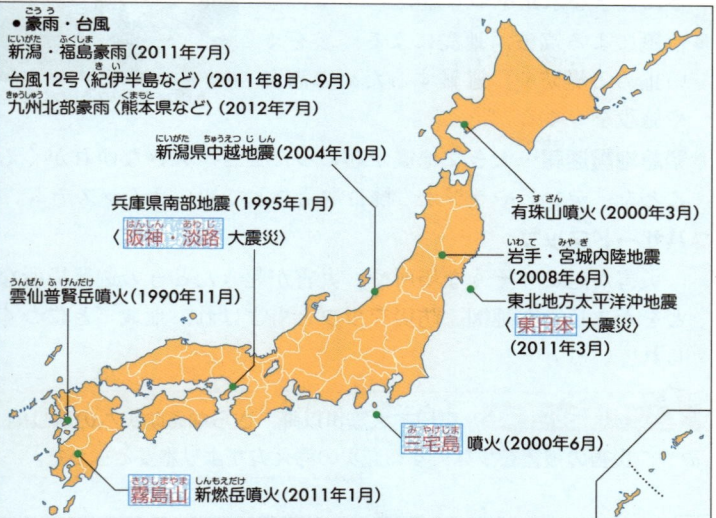

▲近年起こった日本の自然災害

- 日本は，**火山**が多く**地震**も多い国である。
- 日本は**台風**の通り道となることが多く台風の被害や**洪水**も多い。
- 気温の低い状態が続くと，作物が不作となり，**冷害**となる。
東北地方の太平洋側では，夏に**やませ**という冷たくしめった風がふき，冷害になることがある。

| ズバリ
答えよう | 1. 自然にできた森林を何というか答えられますか？
2. 森林は二酸化炭素を吸収して何を放出するか答えられますか？
3. 1995年1月に兵庫県を中心に発生した大地震災害を答えられますか？ |

ズバリ答えようの解答 1. 天然林　2. 酸素　3. 阪神・淡路大震災

7. 森林保全と自然災害の防止　29

3 災害を防ぐ取り組み ★★

● 災害を防ぐために

- 土石流が多い地域に砂防ダムをつくる。
- 大雨のときに雨水をためるために、地下に大きな水路をつくる。
- 台風による高波、地震による津波をくい止める堤防や、避難するための高台や施設をつくる。

▲雨水を集める放水路

- **緊急地震速報**…大きな地震が起こったとき、大きなゆれがくることを、テレビやラジオ、携帯電話などで知らせるシステム。

● ハザードマップ

災害が起こりそうな場所や、災害が起きたときの避難場所などをかき込んだ地図。**防災マップ**ともよばれ、地域ごとにつくられている。

> **これはたいせつ！** 東日本大震災以降、さらなる防災への取り組みや、災害の被害を少なくする減災の考え方がより重要となった。

4 日本の林業 ★

● 木材の輸入

- 日本ではかつて林業がさかんであったが、近年では建築用の木材や製紙用のパルプ材に、海外から輸入した安い木材が使われることが多い。
- 日本の木材自給率は低く、おもに**オーストラリア**や**カナダ**、**アメリカ合衆国**から木材を輸入している。

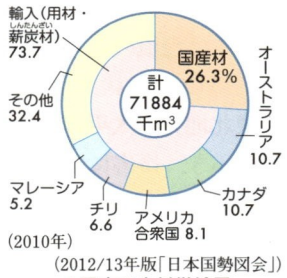
（2012/13年版「日本国勢図会」）
▲日本の木材供給量

● 現在の林業

林業で働く若い人が減る傾向で高齢化が進んでいるなどの理由で、林業は停滞している。

チェックテスト

解答

1. 青森県から秋田県に広がる，1993年に世界自然遺産にも登録された山地はどこですか。

   1. 白神山地

2. 1.の山地の森林は何の木の天然林ですか。

   2. ぶな

3. 森林のはたらきにはさまざまなものがあります。木の根に（ ① ）をたくわえ，山くずれなどの災害を防ぎます。私たちを雪から守る森林を（ ② ），畑などを砂から守る森林を（ ③ ），家を風から守る森林を（ ④ ）といいます。①～④に入る語はそれぞれ何ですか。

   3.
   ① 水
   ② 防雪林
   ③ 防砂林
   ④ 防風林

4. 奈良県にある，現存する世界最古の木造建築は何ですか。

   4. 法隆寺

5. 2011年に起こった東日本大震災で，大きな被害を出した，地震による大波を何といいますか。

   5. 津波

6. 大雨が降り，土砂が水といっしょに斜面を下る災害は何ですか。

   6. 土石流

7. 災害が起こり，避難が必要なとき，市町村に避難をよびかけるのはどこですか。

   7. 気象庁

8. 災害が起こりやすい場所や，避難する場所などがかかれた地図を何といいますか。

   8. ハザードマップ（防災マップ）

9. 夏の暑さや台風の被害を防ぐため，家を石垣で囲むことが多いのは何県ですか。

   9. 沖縄県

10. 地震が発生したときに，気象庁からテレビや携帯電話に発信される速報を何といいますか。

    10. 緊急地震速報

8 ・第1章・ 日本の国土
地図の見方・使い方

1 地図の約束①〔高さを表す（等高線と断面図）〕 ★★★

- **等高線**とは、海面から同じ高さのところを結んだ線をいう。
- 等高線で表した地図を使うと地形のようすがよくわかる。
- 等高線が低いほうから山頂のほうに食いこむところを谷、逆に山頂から低いほうに張りだしているところを尾根という。

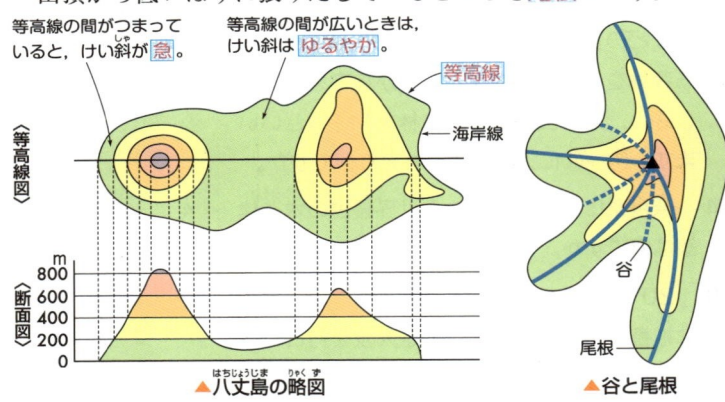

等高線の間がつまっていると、けい斜が急。
等高線の間が広いときは、けい斜はゆるやか。

▲八丈島の略図

▲谷と尾根

2 地図の約束②〔方位について〕 ★★★

地図はふつう、**上を北**にしてかかれている。 ﹅のような方位を示す記号がついている。

東西南北の**四方位**を基本に、それらの中間の方向を北東・南西など**八方位**、さらに、北北東・西南西・南南東などの**十六方位**がある。

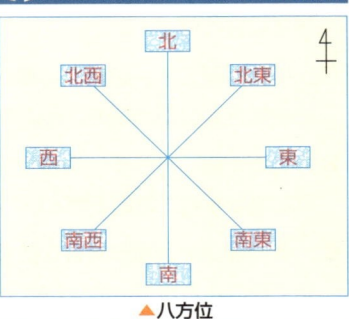

▲八方位

> **くわしく** ●**等高線**…地図上で等高線の間がせまいほどけい斜は急である。

学習の ポイント	● 地図の見方を知る。 ● おもな地図記号を知る。 ● 地図の縮尺について理解する。

3 地図の約束 ③〔地図記号〕 ★★★

- 地図では，道路・鉄道・学校・市役所などの建物，田や畑などの土地利用のようすは，**記号**で表されている。
- 地図記号は，表しているものの形や意味をもとにつくられているものが多い。

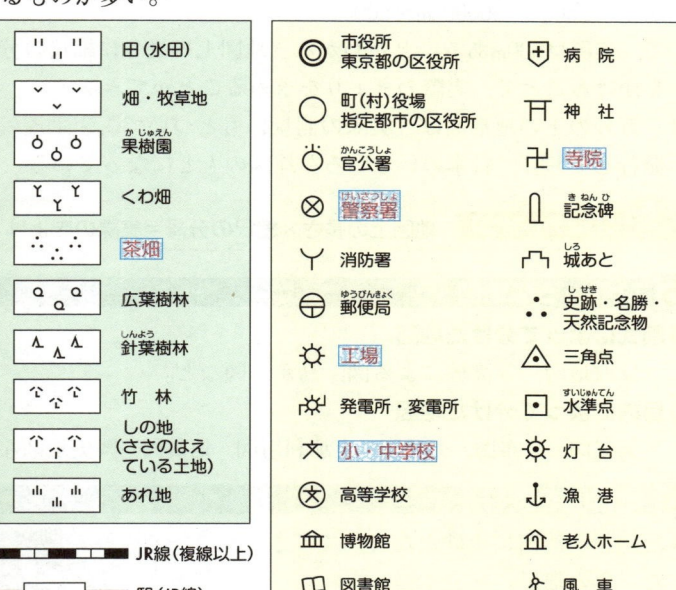

▲さまざまな地図記号

ズバリ 答えよう	1. ⚡の記号の下となる方位を答えられますか？ 2. 地図記号 ″ ″ ″ は何を表すか答えられますか？ 3. 5万分の1の縮尺の地図では実際の1kmが何cmになるか答えられますか？

ズバリ答えようの解答 1. 南 2. 田(水田) 3. 2cm

8．地図の見方・使い方 **33**

4 地図の約束 ④〔きょりのはかりかた(縮尺について)〕 ★★★

- **縮尺**とは，実際の長さを縮めた割合である。縮尺の割合は，きょりについて表したもので面積は関係ない。
- 縮尺が1：25000の地図における2cmの長さの実際のきょりは，

地図の縮尺	実際のきょり1kmの地図上での長さ	地図上1cmの実際の長さ
2万5千分の1	4cm	250m
5万分の1	2cm	500m
10万分の1	1cm	1,000m
20万分の1	0.5cm	2,000m

▲実際のきょりと縮尺の関係

2cm×25000＝50000cm＝500m

で，実際は500mあることがわかる。地図上の長さに縮尺の分母をかけることで，実際のきょりを求めることができる。

- 5万分の1の地形図は，実際の測量にもとづいて国土地理院が発行しており，日本のいろいろな地図のもとになっている。

!これはたいせつ！ 　地図上の長さ×縮尺の分母＝実際のきょり

5 いろいろな地図 ★

○ 図式によって分けた地図
見取地図，等高線による図，鳥かん図など。

○ 目的によって分けた地図
天気図，分布図，交通図，土地利用図，地質図，歴史地図など。

6 地形図を読む ★★★

- **三角州**…河口に土砂がたまってできた三角の地形。
- **扇状地**…川が山地から平地に出た所に土砂がたまってできた扇形の地形。
- **河岸段丘**…川の流路にそってできた階段状の地形。
- **三日月湖**…川の流路変更などで流れからとり残されてできた湖。

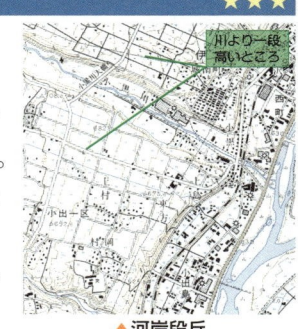

▲河岸段丘

チェックテスト

解答

1. 地図で、ふつう上はどの方角ですか。
2. 八方位では、北東の反対の方位は何ですか。
3. 地図をどれだけ縮めてかいたかを示す1：50000、$\frac{1}{50000}$ などの割合のことを何といいますか。
4. 5万分の1の地形図では、地図上の2cmの長さは、実際には何kmのきょりになることを示していますか。
5. 2万5000分の1の地形図では、地図上の4cmの長さは、実際には□mのきょりであることを示している。
6. ななめ上から見たように表した地図を何といいますか。
7. 海面から同じ高さの地点を結んだ線を何といいますか。
8. 地図記号⊗は何を表していますか。
9. 地図記号Yは何を表していますか。
10. 地図記号⊞は何を表していますか。
11. 地図記号⛋は何を表していますか。
12. 地図記号 ⌄⌄ は何を表していますか。
13. 地図記号 ○○ は何を表していますか。
14. 地図記号⌐は何を表していますか。
15. 5万分の1の地形図や2万5千分の1の地形図は、どこから発行されていますか。

---

1. 北
2. 南西
3. 縮尺
4. 1km
5. 1000
6. 鳥かん図
7. 等高線
8. 警察署
9. 消防署
10. 病院
11. 老人ホーム
12. 畑・牧草地
13. 果樹園
14. 城あと
15. 国土地理院

8. 地図の見方・使い方 35

資料の まとめ 1

●ポイント
- 都市では過密化，地方では過疎化が進んでいる。
- 日本は平地がせまく，川は短く流れが急である。
- 各地にはさまざまな防災施設がある。

国土にかかわる資料

日本の人口ピラミッドの変化

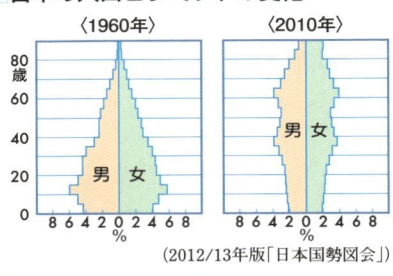

〈1960年〉　〈2010年〉

(2012/13年版「日本国勢図会」)

過疎・過密の人口構成

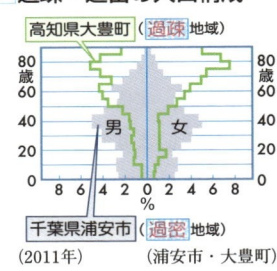

高知県大豊町（過疎）地域
千葉県浦安市（過密）地域

(2011年)　(浦安市・大豊町)

短くて急な流れの日本の川

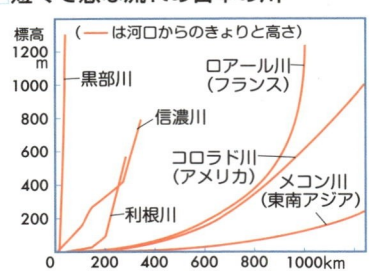

黒部川／ロアール川（フランス）／信濃川／コロラド川（アメリカ）／メコン川（東南アジア）／利根川

日本の土地利用

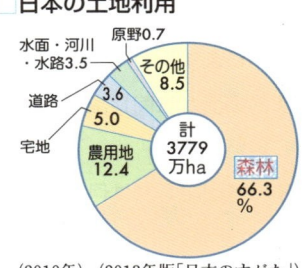

原野 0.7
水面・河川・水路 3.5
その他 8.5
道路 3.6
宅地 5.0
農用地 12.4
森林 66.3%
計 3779万ha

(2010年)　(2013年版「日本のすがた」)

世界の気候帯

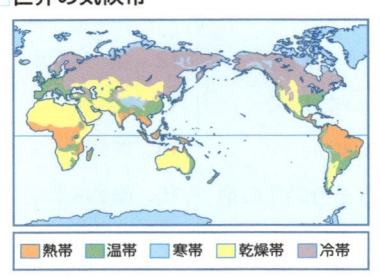

熱帯　温帯　寒帯　乾燥帯　冷帯

ハザードマップ

□ 防風林（ぼうふうりん）　　□ 砂防ダム 　　□ 防潮堤（ぼうちょうてい）

要点チェック編 第1章

□ 林業の作業手順

① なえ木を育てる → ② 植林 → ③ 下草がり

なえ木は山の斜面に一定間隔で植えます。

なえ木の生長に必要な光がよくあたるように、雑草などをかります。

④ 枝打ち → ⑤ 間伐（かんばつ）→ ⑥ 伐採（ばっさい）・運搬（うんぱん）

枝を切ると、節のない良質な木材となります。林も明るくなります。

光を十分にあてて健康な木に育てるため、弱った木を切ります。

□ 三角州（さんかくす）の地形図　　□ 扇状地（せんじょうち）の地形図

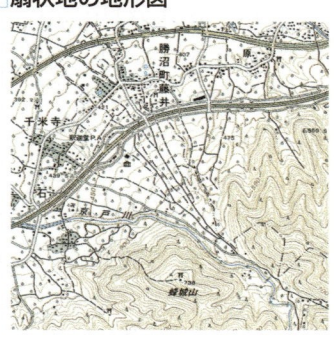

第1章 日本の国土　37

章末のまとめテスト ①

解答

1. 世界には6つの大陸がありますが、北アメリカ大陸・南アメリカ大陸・アフリカ大陸と、あと3つは何ですか。
2. 世界の3つの大洋とは、それぞれ何ですか。
3. 同じ緯度を結んだ線で赤道に平行している線、同じ経度を結んだ線で北極点と南極点を結んだ線を、それぞれ何といいますか。
4. 日本の西のはしの島は何という島ですか。また、その島はどの都道府県に属しますか。
5. 日本を形づくる4つの大きな島を、面積の広い順に答えなさい。
6. 日本の西にあり、世界最大の人口をもつ国はどこですか。
7. 北方領土に属する4つの島の名まえをそれぞれ答えなさい。
8. 日本とイギリスでは、何時間の時差がありますか。
9. 日本を8つの地方に分けたとき、次の県は何地方に入りますか。
   ①福井県　　②島根県
10. 日本の市の中で、もっとも人口が多い市はどこですか。
11. 次の県の県庁所在地はどこですか。
    ①三重県　　②宮城県　　③栃木県
12. 日本アルプスをなす3つの山脈は何ですか。

---

1. ユーラシア大陸・オーストラリア大陸・南極大陸
2. 太平洋・大西洋・インド洋
3. 緯線、経線
4. 与那国島、沖縄県
5. 本州、北海道、九州、四国
6. 中国(中華人民共和国)
7. 択捉島・国後島・色丹島・歯舞群島
8. 9時間
9. ①中部地方　②中国地方
10. 横浜市
11. ①津市　②仙台市　③宇都宮市
12. 飛驒山脈・木曽山脈・赤石山脈

- **13.** 日本の川は外国の川と比べどんな特ちょうがあるか，次の文の□に語句を入れなさい。
  長さが□く，流れが□。

  13. 短，急

- **14.** 下のグラフは，日本の気候のようすを表したものです。次の気候を表すグラフはア～エのどれですか。
  ①太平洋側の気候　②瀬戸内の気候

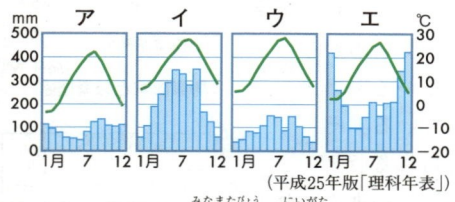

  （平成25年版「理科年表」）

  14. ①イ
  　　②ウ

- **15.** 四大公害病は，水俣病・新潟水俣病と，あと2つは何ですか。

  15. イタイイタイ病・四日市ぜんそく

- **16.** 災害が起きたときの避難場所などをかき込んだ地図を何といいますか。

  16. ハザードマップ（防災マップ）

- **17.** 2万5千分の1の地形図では，地図上の4cmの長さは実際には何kmのきょりですか。

  17. 1km

- **18.** 次の地図記号は何を表していますか。
  ① ⊕　② 卍　③ ✿　④ ⌵⌵

  18. ①郵便局
  　　②寺（寺院）
  　　③工場
  　　④畑・牧草地

- **19.** 5万分の1の地形図では，2cmの長さは実際には何kmのきょりですか。

  19. 1km

入試では

下の流れは，林業の作業手順を示したものです。A～Cにあてはまる作業を，それぞれア～ウから選びなさい。

なえ木づくり→植　林→ A → B → C →伐　採

ア　間伐　　イ　枝打ち　　ウ　下草がり

解答　A―ウ，B―イ，C―ア

〔芝中―改〕

第1章　日本の国土

9 ・第2章・ 日本の食料生産
日本の農業と米づくりのくふう

1 日本の農業

✿ 特 色

- **多い兼業農家**…2010年現在、農業だけで生計を立てている**専業農家**は、総農家戸数のうち約18％をしめるにとどまっているが、農業以外の収入も得ている**兼業農家**は約47％をしめている。その理由は、農業で得られる収入が少ないことや、機械化が進んで農業にかける時間が少なくなったことがあげられる。

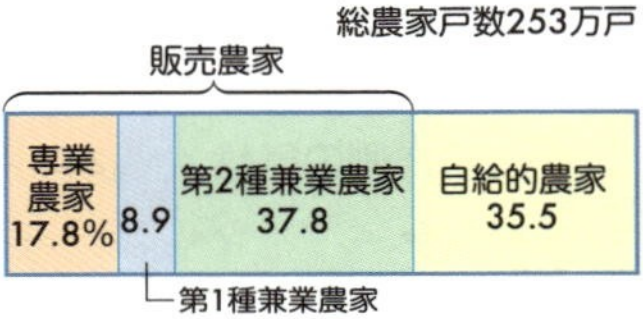

▲専業農家と兼業農家
（2010年）（農林水産省）
総農家戸数253万戸
専業農家 17.8% ／ 8.9 ／ 第2種兼業農家 37.8 ／ 自給的農家 35.5
└第1種兼業農家

- **小規模経営**…日本の農家1人あたりの耕地面積は世界と比べてせまい。また、日本では家族単位での小規模な経営を行っている農家が多い。

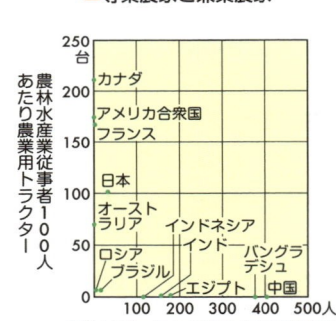

▲各国の機械化のようす
（2009年）（2012/13年版「世界国勢図会」）

- **単位面積あたりの生産量が多い**
日本の農業は、品種改良や機械化が進み、多くの肥料を使っているため、日本の1haあたりの穀物生産量は世界でも高い。

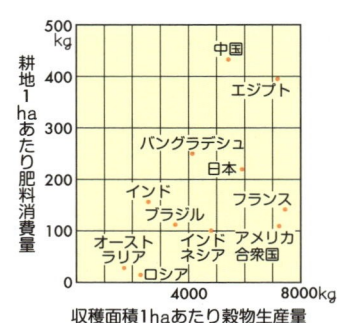

▲各国の穀物生産量と肥料消費量
（2009年）（2012/13年版「世界国勢図会」）

> ➕くわしく ●**兼業農家**…農業以外の仕事もしている農家。農業収入のほうが多い第1種と、その反対の第2種がある。

学習のポイント
- 日本の農業の特色をおさえる。
- 生産調整や農家の高齢化をつかんでおく。
- 米づくりの1年を写真とともに理解しておく。

★のびなやむ農業

- **生産調整（減反）**…戦後、国民の食生活が変化して米の消費量が減り、米が余るようになった。そこで、国は1970年ごろから、稲の作付面積を制限したり、稲からほかの作物にかえる転作をすすめるようになった。

▲米の生産量と消費量

- **農業で働く人の減少と高齢化**

　日本の農業で働く人は減少傾向にあり、2011年では260万人にまで減った。また、農業は重労働のわりに所得が少ないなどの理由で農業を行う若い人が減りがちで、高齢化が進んでいる。

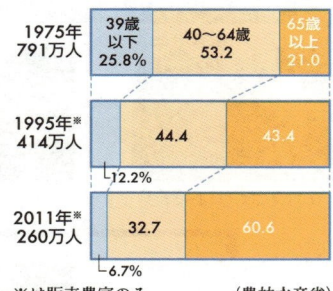

▲年齢別農家数（農業就業人口）
※は販売農家のみ。（農林水産省）

- **耕地の減少と耕作放棄地の増加**

　日本の耕地面積は減少している。また、農家が農業をやめても耕地を手放さずにそのままにしておく耕作放棄地が増えている。

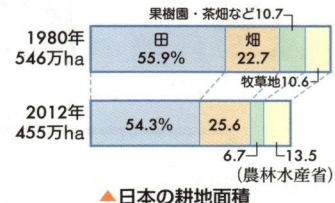

- **低い食料自給率**…日本の食料自給率は先進諸国に比べて低い。

▲日本の耕地面積

ズバリ答えよう

1. 米の消費量は、どんな傾向にありますか？
2. 農業を行う人は、年齢面から何化が進んでいますか？
3. 日本の耕地面積は、どんな傾向にありますか？

ズバリ答えようの解答 1. 減る傾向　2. 高齢化　3. 減る傾向

9．日本の農業と米づくりのくふう

2 米づくりのくふう ★

- **環境にやさしい米づくり**…たい肥やぬか・もみがらを肥料にしたり、あいがもを田に放すなどの<u>有機</u>農業をする農家もある。
- **耕地整理**…形や大きさが不規則であった小さな田を、大きくて形も整った田に直し、大型機械を使用しやすくした。
- **品種改良**…冷害が起こりやすい地域では、寒さに強い稲の品種を生み出してきた。
- **客　土**…やせた土地に、ほかの土地から良い土を運び入れて農業に適した土地に改良する**客土**を行った地域もある。
- **効率的に米づくりを行う**…農家は**農業協同組合**をつくって機械を共有するなど、効率的に米づくりを行っている。

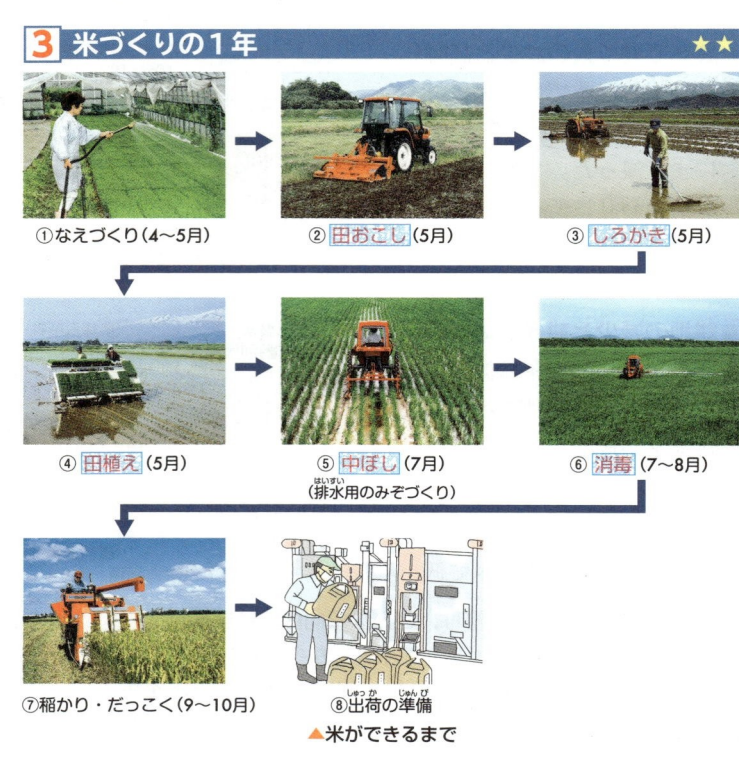

3 米づくりの1年 ★★

① なえづくり（4〜5月）
② 田おこし（5月）
③ しろかき（5月）
④ 田植え（5月）
⑤ 中ぼし（7月）（排水用のみぞづくり）
⑥ 消毒（7〜8月）
⑦ 稲かり・だっこく（9〜10月）
⑧ 出荷の準備

▲米ができるまで

チェックテスト

解答

1. 農業だけで生計を立てている農家を何といいますか。 — 1. 専業農家
2. 農業を行っているが、農業以外の収入も得ている農家を何といいますか。 — 2. 兼業農家
3. 日本の農家1人あたりの耕地面積は、世界と比べてどうなっていますか。 — 3. せまい
4. 日本の1haあたりの穀物生産量は、世界と比べてどうなっていますか。 — 4. 高い
5. 1970年ごろから、稲の作付面積を制限したり、稲からほかの作物にかえる転作をすすめたりする政策を、漢字2字で何といいますか。 — 5. 減反
6. 日本の農業で働く人の数はどんな傾向にありますか。 — 6. 減少傾向にある
7. 農家が農業をやめても耕地を手放さずにそのままにし、荒れたままになっている土地を何といいますか。 — 7. 耕作放棄地
8. 日本の食料自給率は、先進諸国と比べてどうなっていますか。 — 8. 低い
9. 牛やぶたのふんやにょうに、わらを混ぜて発こうさせた肥料を何といいますか。 — 9. たい肥
10. 目的に応じて新しい品種を生み出すことを何といいますか。 — 10. 品種改良
11. やせた土地に、ほかの土地から良い土を運び入れて農業に適した土地に改良することを何といいますか。 — 11. 客土

9．日本の農業と米づくりのくふう

パート1　要点チェック編

10　・第2章・ 日本の食料生産
農業のさかんな地域 ①（米・野菜）

1 米づくりのさかんな地域　★★★

○**北海道・東北・北陸地方で多い米の生産量**

- **北海道**…石狩平野と上川盆地が中心。石狩平野は，客土を行ってから米の産地となった。

- **東北地方**…横手盆地・北上盆地・庄内平野・仙台平野が中心。また，八郎潟という大きな湖を干拓してきた大潟村でも，米がたくさんつくられている。

- **北陸地方**…越後平野・富山平野・金沢平野・福井平野が中心。

- **日本の穀倉（米倉）**…日本全体の米の生産量のうち，東北地方と北陸地方で約40％をしめている。そのため，両地方は「**日本の穀倉（米倉）**」とよばれている。

> ➕くわしく　●**干 拓**
> 海や湖などに堤防を築いて，その内側にある水を抜いて陸地をつくること。干拓は有明海も有名。

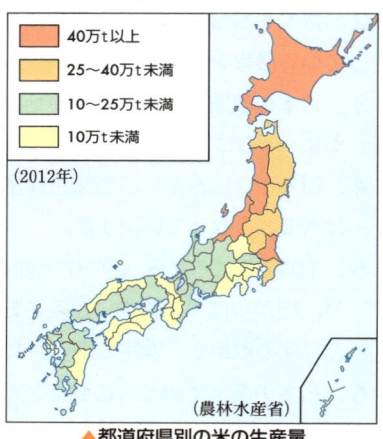

凡例：
- 40万t以上
- 25〜40万t未満
- 10〜25万t未満
- 10万t未満

(2012年)　(農林水産省)
▲都道府県別の米の生産量

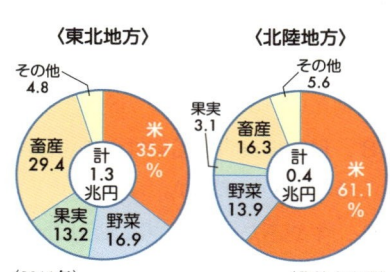

〈東北地方〉　計1.3兆円
- 米 35.7%
- 野菜 16.9
- 果実 13.2
- 畜産 29.4
- その他 4.8

〈北陸地方〉　計0.4兆円
- 米 61.1%
- 野菜 13.9
- 果実 3.1
- 畜産 16.3
- その他 5.6

(2011年)　(農林水産省)
▲東北地方・北陸地方の農業生産額割合

計1.9兆円
- 東北 24.2%
- 関東・東山 19.6
- 北陸 14.6
- 九州 11.2
- 中国 7.3
- その他 23.1

(2011年)　(農林水産省)
▲地方別の米の生産額割合

| 学習の
ポイント | ● 米づくりがさかんな3地方を覚える。
● 北陸地方などで、米づくりがさかんな理由をつかむ。
● 近郊農業や早づくり、おそづくりを理解する。 |

✪ 東北地方の日本海側や北陸地方で米づくりがさかんな理由

- 冬に大雪が降り、田の土の温度を下げ、悪いきんが増えにくい。
- 大きな平野や盆地には、雪どけ水が大量に流れ込む大きな川が流れているため、水が豊富である。
- 夏の日本海側は、**日照時間が長く高温になる**。

▲ 酒田市と宮古市の気温・日照時間
※酒田は日本海側、宮古は太平洋側。

2 野菜づくりのさかんな地域 ★★★

- **近郊農業**…大都市周辺では、大消費地に近いため輸送費が安く、新鮮さが保たれ、野菜づくりに有利である。このような農業を**近郊農業**という。
- **早づくり（促成栽培）**…南九州の**宮崎平野**や南四国の**高知平野**など太平洋岸の各地では、あたたかい気候を利用して、野菜をほかの地域よりも早くつくっている。宮崎平野は**きゅうり・ピーマン**、高知平野は**なす・ピーマン**の生産量が多い。

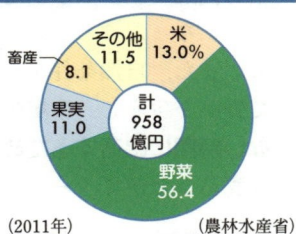

▲ 高知県の農業生産額割合
米 13.0%　野菜 56.4　果実 11.0　畜産 8.1　その他 11.5　計 958億円
(2011年)　(農林水産省)

▲ 高知平野のビニールハウス群

| ズバリ
答えよう | 1. 米は北海道・東北と何地方の生産量が多いですか？
2. 大都市周辺で行う農業を何といいますか？
3. 野菜の早づくりは高知平野と何平野が有名ですか？ |

ズバリ答えようの解答　1. 北陸地方　2. 近郊農業　3. 宮崎平野

- **高冷地農業**…長野県の野辺山原・菅平や、群馬県の嬬恋村といった高原では、夏でもすずしい気候を利用した野菜づくりがさかんに行われている。野辺山原・菅平では**レタス・はくさい**、嬬恋村では**キャベツ**がつくられている。

- **早づくりと高冷地農業の共通の特色**…消費の中心地である大都市まで遠いところでも野菜づくりがさかんになったのは、**交通網の発達で新鮮なまま野菜を運べる**ようになったことが理由にあげられる。また、自然条件をうまく利用して野菜を生産し、**市場の流通量が少ない時期に出荷するため、市場で高く売る**ことができる。

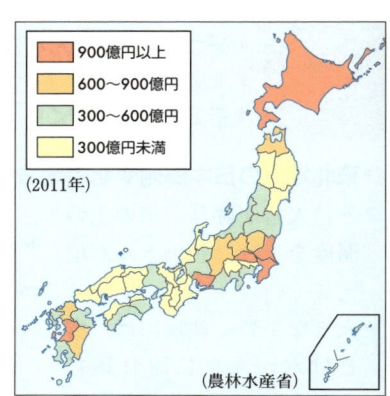

凡例：900億円以上／600〜900億円／300〜600億円／300億円未満
(2011年)(農林水産省)
▲都道府県別の野菜の生産額

▲東京におけるレタスの入荷先(2012年)(東京都中央卸売市場)

〈ピーマン〉 計14万t　茨城24.9%、宮崎18.6、高知9.5、鹿児島8.1、その他38.9
〈にんじん〉 計62万t　北海道28.2%、千葉19.7、徳島8.6、青森6.8、その他36.7
〈はくさい〉 計90万t　茨城26.0%、長野23.8、北海道3.5、群馬3.3、その他43.4
〈キャベツ〉 計138万t　群馬17.1%、愛知16.7、千葉9.7、茨城7.0、その他49.5
〈たまねぎ〉 計107万t　北海道53.5%、佐賀14.4、兵庫9.1、愛知3.2、その他19.8 (2011年)
〈レタス〉 計54万t　長野32.4%、茨城15.5、群馬9.9、兵庫5.9、その他36.3
〈きゅうり〉 計58万t　宮崎10.5%、群馬10.0、埼玉8.6、福島7.6、その他63.3
〈なす〉 計32万t　高知10.5%、熊本9.6、群馬6.9、福岡6.8、その他66.2

(2013年版「データでみる県勢」)
▲各野菜の都道府県別の生産割合

46　第2章　日本の食料生産

チェックテスト

解答

1. 北海道で米づくりが特にさかんな平野と盆地は、それぞれどこですか。

    1. 平野 − 石狩平野
       盆地 − 上川盆地

2. 秋田県では、横手盆地のほか、大潟村で米づくりがさかんですが、大潟村は何という湖を干拓してできた陸地にあたりますか。

    2. 八郎潟

3. 日本全体の米の生産量のうち、東北地方と北陸地方で約40％をしめています。そのため、両地方は何とよばれていますか。

    3. 日本の穀倉（米倉）

4. 東北地方の夏の自然条件は、米づくりに関連します。一般的に、夏の日照時間が長く暑いのは、日本海側と太平洋側のどちらですか。

    4. 日本海側

5. 大都市周辺では、大消費地に近いため輸送費が安く、新鮮さが保たれ、野菜づくりに有利です。このような農業を何といいますか。

    5. 近郊農業

6. 野菜の早づくりがさかんな南九州の平野、南四国の平野は、それぞれどこですか。

    6. 南九州 − 宮崎平野
       南四国 − 高知平野

7. 冬でもあたたかいところで夏野菜をつくると、他産地より施設の暖房費はどうなりますか。

    7. 安くなる

8. 長野県の野辺山原・菅平や、群馬県の嬬恋村などの高原で行う農業を何といいますか。

    8. 高冷地農業

9. 早づくりや8.の農業では、市場の流通量が少ない時期に野菜を出荷しています。市場では、これらの野菜の値段はどうなりますか。

    9. 高くなる

10. にんじん・たまねぎの生産量が日本一多い都道府県はどこですか。

    10. 北海道

10. 農業のさかんな地域 ①（米・野菜）

第2章 日本の食料生産

11 農業のさかんな地域 ②（果物など・畜産）

1 果物づくりのさかんな地域 ★★★

- **りんご**…すずしい気候に適し，**青森県**が全国の生産量の半分をしめる。
- **みかん**…あたたかい気候に適し，**和歌山県・愛媛県・静岡県**がおもな産地になっている。
- **ぶどう**…**甲府盆地**や**長野盆地**，**山形盆地**が主産地。
- **も　も**…**甲府盆地・福島盆地・長野盆地**のほか，和歌山県でもよく生産されている。
- **その他**…おうとうや西洋なしは山形盆地，かきやうめは和歌山県が有名。

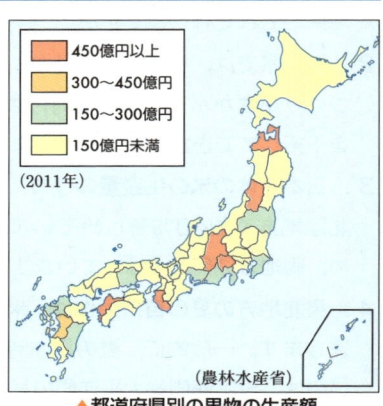

凡例：
- 450億円以上
- 300～450億円
- 150～300億円
- 150億円未満

(2011年)（農林水産省）

▲都道府県別の果物の生産額

くわしく
● **甲府盆地**…昼夜の温度差が大きく，日照時間が長いため，扇状地を利用した果樹栽培がさかん。

〈りんご〉※ 計66万t
青森 56.1%，長野 21.3，岩手 6.4，山形 4.7，その他 11.5

〈みかん〉※ 計93万t
和歌山 19.6%，愛媛 16.2，静岡 13.8，熊本 9.7，その他 40.7

〈ぶどう〉 計20万t
山梨 24.6%，長野 15.3，山形 10.2，岡山 8.2，その他 41.7

〈も　も〉 計14万t
山梨 33.1%，福島 20.3，長野 13.7，和歌山 7.5，その他 25.4

〈日本なし〉 計28万t
千葉 12.5%，茨城 9.6，栃木 8.1，鳥取 7.7，その他 62.1

〈おうとう〉 計2万t
山形 74.2%，北海道 8.7，その他 17.1

〈西洋なし〉※ 計2万t
山形 62.4%，新潟 7.4，長野 7.4，その他 22.8

〈う　め〉 計9万t
和歌山 61.1%，その他 38.9

(2012年。※は2011年。) （農林水産省など）

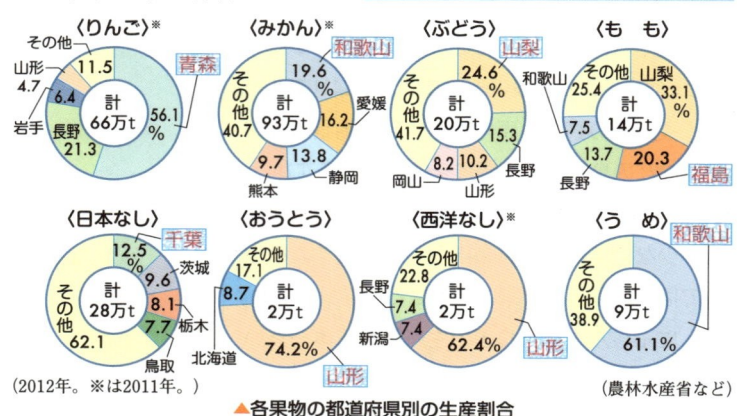

▲各果物の都道府県別の生産割合

| 学習の
ポイント | ● 各果物の生産量が多い都道府県を覚える。
● 各作物の北海道の生産量，茶の主産地に注目する。
● 各家畜をたくさん飼育している都道府県をつかむ。 |

2 さまざまな作物づくりがさかんな地域 ★

- **小 麦**…多くは輸入をしていますが，国内では**北海道**が主産地である。
- **いも類**…さつまいもはシラス台地の広がる**鹿児島県**，じゃがいもは**北海道**の生産量が多くなっている。
- **豆 類**…大豆やあずきは，**北海道**が全生産量の多くをしめている。
- **茶**…静岡県の**牧ノ原**や，鹿児島県のシラス台地にあたる南九州市が大産地となっている。
- **その他**…いぐさは**八代平野**，てんさいは北海道，電照ぎくは**渥美半島・沖縄県**，チューリップの球根は新潟県・富山県が有名。

さつまいも 計88万t：鹿児島 36.6% / 茨城 20.6 / 千葉 13.5 / 宮崎 9.0 / その他 20.3

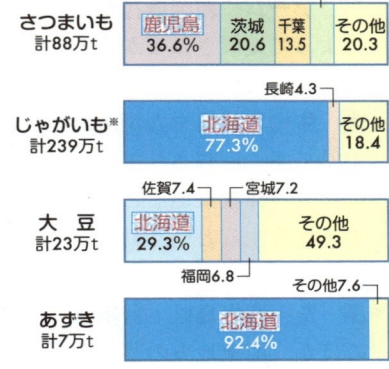

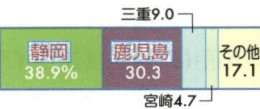

じゃがいも※ 計239万t：北海道 77.3% / 長崎 4.3 / その他 18.4

大豆 計23万t：北海道 29.3% / 佐賀 7.4 / 宮城 7.2 / 福岡 6.8 / その他 49.3

あずき 計7万t：北海道 92.4% / その他 7.6

茶 計9万t：静岡 38.9% / 鹿児島 30.3 / 三重 9.0 / 宮崎 4.7 / その他 17.1

(2012年。※は2011年。) (農林水産省など)
▲各作物の都道府県別の生産割合

> **くわしく** ●**電照ぎくの栽培**…施設内のきくに電灯をあて，開花時期を調節して出荷する。

▲静岡市の茶畑

> **ズバリ答えよう**
> 1. りんごの生産量が日本一の都道府県はどこですか？
> 2. 山梨県で果樹栽培がさかんなのは何盆地ですか？
> 3. 茶の生産がさかんな静岡県の台地を何といいますか？

ズバリ答えようの解答 1. 青森県　2. 甲府盆地　3. 牧ノ原

11. 農業のさかんな地域 ②（果物など・畜産）

3 畜産のさかんな地域 ★★

- **乳　牛**…全国の乳牛のうち、半分以上は酪農がさかんな北海道で飼育されている。特に根釧台地は、**パイロットファーム**や**新酪農村**が国によって建設されてから大酪農地帯となる。
- **肉　牛**…北海道や九州南部の県で多く飼育されている。近年、耕作放棄地などで肉牛を放牧するという動きが広まっている。
- **ぶ　た**…鹿児島県・宮崎県のほか、関東地方の県でよく飼育されている。
- **肉用にわとり（ブロイラー）**
  鹿児島県と宮崎県でおもに飼育されている。
- **卵用にわとり**…茨城県・千葉県・愛知県でたくさん飼われている。

凡例：
- 1200億円以上
- 800〜1200億円
- 400〜800億円
- 400億円未満

(2011年)
(農林水産省)

▲都道府県別の畜産物の生産額

〈乳牛〉計145万頭
- 北海道 56.7%
- 栃木 3.7
- 岩手 3.2
- 熊本 3.1
- その他 33.3

〈肉牛〉計272万頭
- 北海道 19.6%
- 鹿児島 13.0
- 宮崎 9.2
- 熊本 5.2
- その他 53.0

〈ぶた〉計974万頭
- 鹿児島 14.0%
- 宮崎 9.1
- 千葉 6.8
- 群馬 6.5
- その他 63.6

〈肉用にわとり〉※ 計1.1億羽
- 鹿児島 17.9%
- 宮崎 17.2
- 岩手 14.4
- 青森 5.7
- その他 44.8

(2012年。※は2009年。)
(2013年版「データでみる県勢」など)

▲各家畜の都道府県別の飼育数割合

4 畜産業のようす ★

- 畜産農家の高齢化が進んでいる。
- 飼料の多くを輸入に頼っている。
- 畜産農家は、**鳥インフルエンザ**や**口蹄疫**などの家畜がかかる病気を防ぐ努力をしている。
- 各地では、安全で質の良い畜産物を生産して**ブランド化**している。

▲北海道の酪農

チェックテスト

解答

1. みかんの生産量上位2県は，多い順にどこですか。 — 1. 和歌山県，愛媛県
2. ぶどうの生産量上位2県は，多い順にどこですか。 — 2. 山梨県，長野県
3. ももの生産量上位2県は，多い順にどこですか。 — 3. 山梨県，福島県
4. おうとうや西洋なしの生産量が日本一多い県はどこですか。 — 4. 山形県
5. かきやうめの生産量が日本一多い県はどこですか。 — 5. 和歌山県
6. 小麦・じゃがいも・大豆・あずきの生産量が日本一多い都道府県はどこですか。 — 6. 北海道
7. 茶の生産量上位2県は，多い順にどこですか。 — 7. 静岡県，鹿児島県
8. 右の写真が示す電照ぎくの栽培がさかんな愛知県の半島はどこですか。 — 8. 渥美半島
9. いぐさの生産がさかんな九州地方の平野はどこですか。 — 9. 八代平野
10. 乳牛や肉牛の飼育頭数がもっとも多い都道府県はどこですか。 — 10. 北海道
11. ぶたの飼育頭数が多い地方は，8地方区分では九州地方とどの地方ですか。 — 11. 関東地方
12. 肉用にわとり飼育数上位2県はどこですか。 — 12. 鹿児島県，宮崎県

12 ・第2章・ 日本の食料生産
日本の水産業

1 日本の水産業の特色 ★★

✿ 魚の消費量が多い
日本は昔から漁業がさかんで、日本の魚の消費量は、現在でも世界各国と比べると多くなっている。

✿ めぐまれた漁場
- 魚の集まりやすい**大陸棚**が、**東シナ海**のほか日本の周囲をとり囲むように分布している。
- 日本の近海は、暖流と寒流が流れているため、魚の数や種類が豊富。特に、**三陸海岸**の沖合は、**親潮**と黒潮がぶつかる**潮目**にあたる良い漁場となっている。

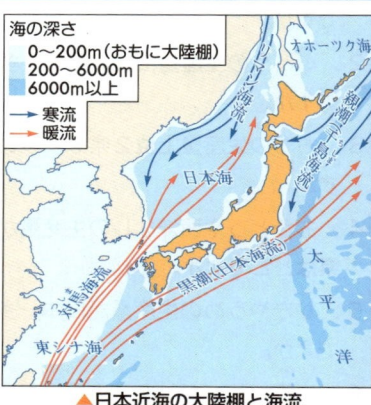

▲日本近海の大陸棚と海流

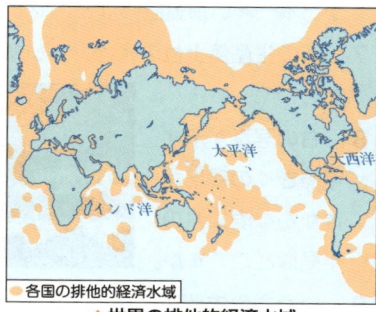

▲世界の排他的経済水域

✿ 漁獲量の減少
1973年の**石油危機**によって燃料費があがったことや、1970年代後半から各国が**排他的経済水域**を設けるようになって外国船の200海里内での漁業を制限しはじめたことで、日本の漁業は衰退していく。その後は、魚の住む環境の変化や乱獲によって日本近海の魚が減り、漁獲量がさらに減少するようになる。

> **くわしく** ●大陸棚…陸地から棚のように続いている、水深200mくらいまでのけい斜のゆるやかな海底。

学習の ポイント	● 水産業に関係する1970年代のできごとをおさえる。 ● 日本の水産物の輸入品や輸入相手国を覚える。 ● さまざまな漁業・漁法をつかんでおく。

しかし，それでも日本の漁獲量は，世界有数の量をほこっている。

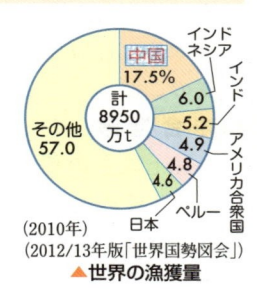

✿ 増えてきた水産物の輸入

- 日本では，漁獲量の減少などによって，1970年代後半から1990年代前半にかけて水産物の輸入が大きく増えた。2009年現在，日本の水産物輸入額は世界第1位。ところが，近年は魚の値段があがったことや，魚を食べなくなってきていることから，輸入量はわずかながら減っている。

- 日本は，**えび，まぐろ，さけ・ます，かに**を大量に輸入し，水産物輸入相手国は，輸入額順に**チリ・ロシア・アメリカ合衆国・中国・ノルウェー**となっている。

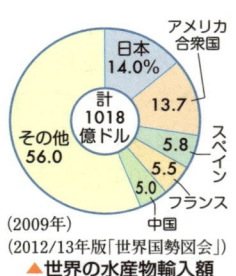

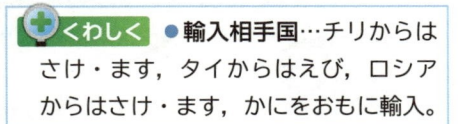

▲世界の漁獲量
中国 17.5%／インドネシア 6.0／インド 5.2／アメリカ合衆国 4.9／ペルー 4.8／日本 4.6／その他 57.0／計 8950万t（2010年）（2012/13年版「世界国勢図会」）

▲世界の水産物輸入額
日本 14.0%／アメリカ合衆国 13.7／スペイン 5.8／フランス 5.5／中国 5.0／その他 56.0／計 1018億ドル（2009年）（2012/13年版「世界国勢図会」）

▲日本の水産物輸入割合
えび 13.7%／まぐろ 13.2／さけ・ます 11.8／えび加工 4.6／かに 4.4／いか 3.3／その他 49.0／計 1.3兆円（2011年）（2013年版「日本のすがた」）

> ➕ **くわしく** ● **輸入相手国**…チリからはさけ・ます，タイからはえび，ロシアからはさけ・ます，かにをおもに輸入。

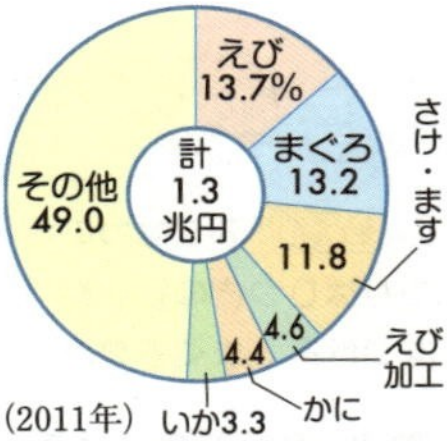

✿ 漁業で働く人々

日本の漁業で働く人は年々減り，同時に高齢化が進んでいる。また，個人で漁業を行う小規模経営がほとんどである。

ズバリ 答えよう	1. 石油危機で，漁船の燃料費はどうなりましたか？ 2. 親潮と黒潮がぶつかる潮目は何海岸の沖ですか？ 3. 日本の輸入額が多い水産物上位2品は何ですか？

ズバリ答えようの解答 1. あがった　2. 三陸海岸　3. えび・まぐろ

12. 日本の水産業

2 さまざまな漁業 ★★★

○ 沿岸漁業

10t未満の小型船などを使い，海岸近くの海で基本的に日帰りで行う漁業のこと。

○ 沖合漁業

10t以上の船を使い，海岸近くの沿岸漁業よりも沖合で数日かけて行う漁業のこと。

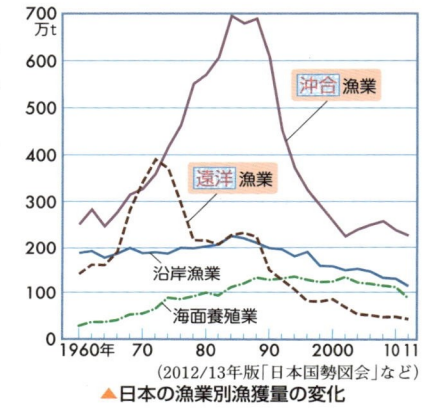

▲日本の漁業別漁獲量の変化
(2012/13年版「日本国勢図会」など)

○ 遠洋漁業

大型船を使って，太平洋やインド洋などで数か月かけて行う漁業のことで，**まぐろはえなわ漁やかつお一本釣り**などが中心となっている。

1970年代後半から各国が排他的経済水域を設けていったことなどで，漁獲量が大きく減少しました。

3 さまざまな種類の漁法 ★★

はえなわ みきなわにつりばりつきの枝なわをつける。まぐろなど。

まきあみ 魚群をあみでとり囲んでしぼっていく。あじ・さばなど。

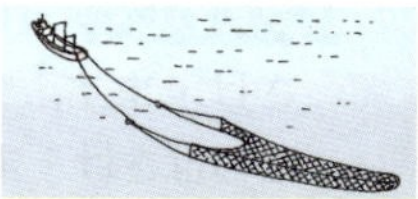

底引きあみ（トロール）ふくろになったあみを船で引く。

ぼう受けあみ 集魚灯で魚を集め，あみを引きあげる。さんまなど。

定置あみ 魚群が通るところにあみで囲いをつくる。さけなど。

いかつり 集魚灯をつけ，集まってきたいかをつりあげる。

▲いろいろな漁法

チェックテスト

解答

1. 日本の魚の消費量は，世界各国と比べるとどうですか。

    1. 多い

2. 陸地から棚のように続いている，水深が200mくらいまでのけい斜のゆるやかな海底を何といいますか。

    2. 大陸棚

3. 日本の太平洋側を流れる暖流と寒流は，それぞれ何といいますか。

    3. 暖流－黒潮(日本海流)
    　　寒流－親潮(千島海流)

4. 1973年，何が起こったことで漁船の燃料費があがりましたか。

    4. 石油危機

5. 1970年代後半から，各国が何を設けるようになって，外国船の200海里内での漁業を制限するようになりましたか。

    5. 排他的経済水域

6. 日本の輸入額が多い水産物の上位3品目は何ですか。

    6. えび・まぐろ・さけ・ます

7. 日本がもっとも輸入額が多い水産物輸入相手国はどこですか。

    7. チリ

8. 10t未満の小型船などを使い，海岸近くの海で日帰りで行う漁業を何といいますか。

    8. 沿岸漁業

9. 10t以上の船を使い，8.の漁業よりも沖合で数日かけて行う漁業を何といいますか。

    9. 沖合漁業

10. 大型船を使って，太平洋やインド洋などで数か月かけて行う漁業を何といいますか。

    10. 遠洋漁業

11. みきなわに，つりばりつきの枝なわをつけてまぐろなどをとる漁法を何といいますか。

    11. はえなわ漁法

12. ふくろになったあみを船でひく漁法を何といいますか。

    12. 底引きあみ漁法

12. 日本の水産業

パート1　要点チェック編

・第2章・ 日本の食料生産
⑬ 水産業のさかんな地域

1 日本のおもな漁港　★★

　水あげ量の多い漁港は，北海道地方，東北～東海地方の太平洋側，九州地方に集中している。都道府県別の漁獲量は，北海道がたいへん多く，長崎県・宮城県・静岡県・三重県・茨城県が続いている。

- **北海道地方**…釧路・根室・紋別・網走・羅臼・稚内など
- **東北地方**…石巻・八戸・気仙沼・女川・大船渡・宮古など
- **関東・東海地方**…焼津・銚子・奈屋浦・沼津など
- **中国・四国地方**…境など
- **九州地方**…松浦・長崎・枕崎・唐津・山川・佐世保など

	0　50　100　150万t
北海道	126
長崎	25
宮城	22
静岡	20
三重	19
茨城	18

全国計 412万t
(2010年)（2013年版「データでみる県勢」）
▲都道府県別の漁獲量

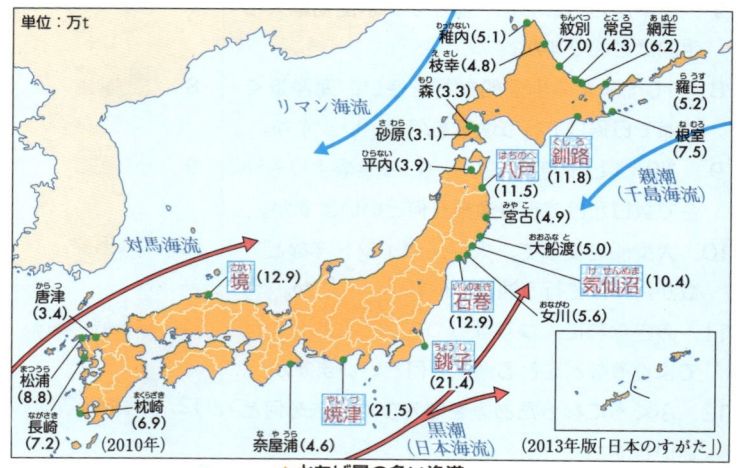

単位：万t

稚内(5.1)　紋別(7.0)　常呂(4.3)　網走(6.2)
枝幸(4.8)
森(3.3)　リマン海流
砂原(3.1)　羅臼(5.2)
平内(3.9)　根室(7.5)
八戸(11.5)　釧路(11.8)
宮古(4.9)　親潮(千島海流)
大船渡(5.0)
境(12.9)　気仙沼(10.4)
唐津(3.4)　石巻(12.9)
対馬海流　女川(5.6)
松浦(8.8)　銚子(21.4)
枕崎(6.9)
長崎(7.2)　(2010年)　焼津(21.5)
奈屋浦(4.6)　黒潮(日本海流)
(2013年版「日本のすがた」)

▲水あげ量の多い漁港

56　第2章　日本の食料生産

学習の ポイント
- 水あげ量が多い漁港をつかんでおく。
- 養殖業がさかんな地域を覚える。
- 養殖業と栽培漁業のちがいに注意する。

要点チェック編

2 養殖業と栽培漁業 ★★★

日本近海の漁業資源が減っているため、「**つくり、育てる漁業**」に期待されている。その代表例が**養殖**業と**栽培**漁業である。

☆ 養 殖 業

魚や貝・海藻を生けすで育て、大きくなってから出荷する水産業のこと。

- **ぶり類**…宇和海・大分県東部・鹿児島湾
- **まだい**…五ヶ所湾・尾鷲湾・宇和海・天草諸島
- **の り**…仙台湾・伊勢湾・瀬戸内海(播磨灘)・有明海
- **わかめ**…三陸海岸・鳴門海峡
- **こんぶ**…渡島半島南部・三陸海岸
- **ほたて貝**…サロマ湖・内浦湾・陸奥湾・三陸海岸
- **か き**…三陸海岸・石巻湾・広島湾
- **真 珠**…志摩半島・宇和海・対馬・壱岐

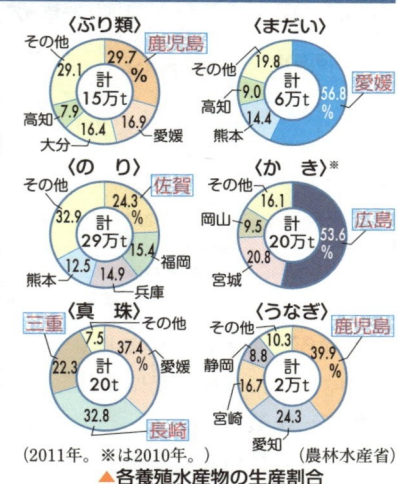

〈ぶり類〉 計15万t 鹿児島29.7% その他29.1 高知7.9 大分16.4 愛媛16.9
〈まだい〉 計6万t 愛媛56.8% その他19.8 高知9.0 熊本14.4
〈のり〉 計29万t 佐賀24.3% その他32.9 熊本12.5 兵庫14.9 福岡15.4
〈かき〉※ 計20万t 広島53.6% その他16.1 岡山9.5 宮城20.8
〈真珠〉 計20t 三重37.4% その他7.5 愛媛22.3 長崎32.8
〈うなぎ〉 計2万t 鹿児島39.9% その他10.3 静岡8.8 宮崎16.7 愛知24.3
(2011年。※は2010年。) (農林水産省)

▲各養殖水産物の生産割合

▲かきの養殖(広島湾)

ズバリ 答えよう
1. 水あげ量が多い漁港の上位2港を答えられますか?
2. かきの生産量が第1位の都道府県はどこですか?
3. 真珠の生産量が第1位の都道府県はどこですか?

ズバリ答えようの解答 1. 焼津港・銚子港 2. 広島県 3. 愛媛県

13. 水産業のさかんな地域

▲養殖業のさかんな地域

- **うなぎ**…浜名湖・愛知県（一色）・宮崎県中部・鹿児島県東部
- ☆**栽培漁業**

　稚魚や種苗をある程度の大きさまで人工的に育てた後に川や海に放流し，自然界で大きく育ててからとる漁業である。

▲稚魚の放流

> **これはたいせつ！** 養殖業は生けすで育てて大きくなってから出荷。栽培漁業は稚魚を川・海に放流して自然界で育成。

3 水産資源の確保

- 魚の家として機能する**海洋牧場**の整備が進んでいる。
- 産卵で川を上る魚のために，魚道が設けられた川がある。
- 海中のプランクトンが異常に増える赤潮対策が行われている。

▲赤潮のようす

チェックテスト

解答

1. 次の地図の①~⑧にあてはまる漁港名は、それぞれ何ですか。

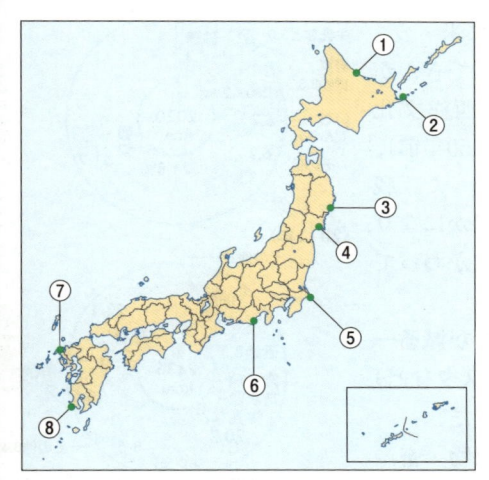

1. ①紋別
   ②根室
   ③大船渡
   ④石巻
   ⑤銚子
   ⑥焼津
   ⑦松浦
   ⑧枕崎

2. 岩手県から宮城県にかけて続く養殖業のさかんな海岸は、何という海岸ですか。

2. 三陸海岸

3. 愛媛県西部にある養殖業のさかんな海は、何という海ですか。

3. 宇和海

4. のりの生産量(養殖)がもっとも多い九州地方の海は、何という海ですか。

4. 有明海

5. かきの生産量(養殖)がもっとも多い中国地方の湾は、何という湾ですか。

5. 広島湾

6. 真珠の生産量(養殖)上位3県はどこですか。

6. 愛媛県・長崎県・三重県

7. 海中のプランクトンが異常に増え、海水が赤くなる現象を何といいますか。

7. 赤潮

13. 水産業のさかんな地域　59

パート1　要点チェック編

・第2章・ 日本の食料生産
14 食料自給率と食料の輸送

1 国民の食生活　★

　日本人は，昔から肉をあまり食べずに，おもに米・麦・野菜・魚介類を食べてきたが，明治時代になって西洋文化が入ってくると（約150年前），肉も食べるようになった。戦後になると生活が豊かになり，食生活が次のようにかわってきた。

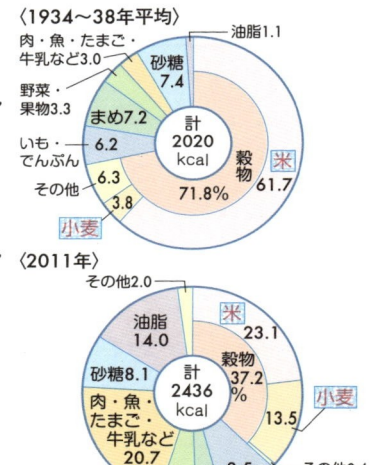

- 主食では，**米の割合が減る一方，小麦（パン・パスタなど）の割合が大きく増えた。**
- 穀物より，野菜・果物・畜産物・魚介類といったおかずを多く食べるようになり，これらを料理するときに使う**油の割合が大きく増えた。**

〈1934～38年平均〉
油脂1.1／肉・魚・たまご・牛乳など3.0／砂糖7.4／野菜・果物3.3／まめ7.2／いも・でんぷん6.2／その他3.8／穀物71.8%（米61.7／小麦6.3）
計2020kcal

〈2011年〉
その他2.0／油脂14.0／砂糖8.1／肉・魚・たまご・牛乳など20.7／野菜・果物5.6／まめ3.9／いも・でんぷん8.5／その他0.6／穀物37.2%（米23.1／小麦13.5）
計2436kcal
（農林水産省など）

▲日本人の食生活の変化

2 日本の食料自給率　★★★

- 国内で必要とする食料の消費量のうち，国内でつくられる食料の割合が<u>食料自給率</u>である。
- 日本の食料自給率は**少しずつ低下し，近年は約40%の横ばい**の状態が続いている。また，ほかの**先進諸国と比べると，たいへん低い**といえる。

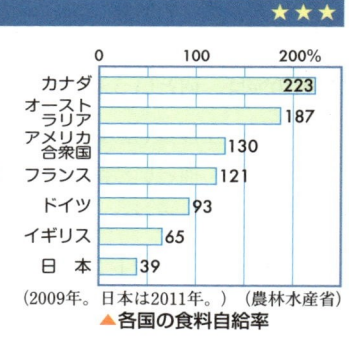

国	%
カナダ	223
オーストラリア	187
アメリカ合衆国	130
フランス	121
ドイツ	93
イギリス	65
日本	39

（2009年。日本は2011年。）（農林水産省）
▲各国の食料自給率

60　第2章　日本の食料生産

学習のポイント

- 日本は小麦と大豆の自給率がとくに低いことを確認する。
- 日本が各食料をどの国から輸入しているかをおさえる。
- 「地産地消」の良い点を理解する。

- 小麦と大豆は自給率が低く，**輸入**にたよっている。
- 食料自給率が低くなった原因は，**日本人の食生活の多様化**や，**農産物の輸入自由化**が進み，安い外国産の農産物が日本に出まわるようになったことがあげられる。現在，日本は世界有数の食料輸入大国となっている。

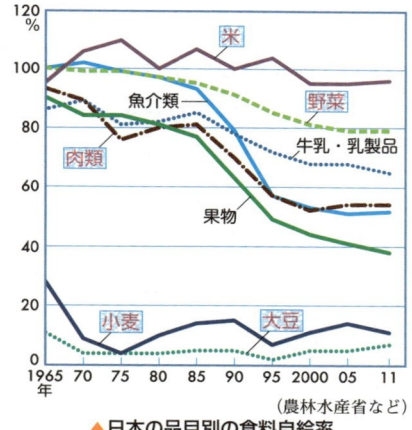

▲日本の品目別の食料自給率 （農林水産省など）

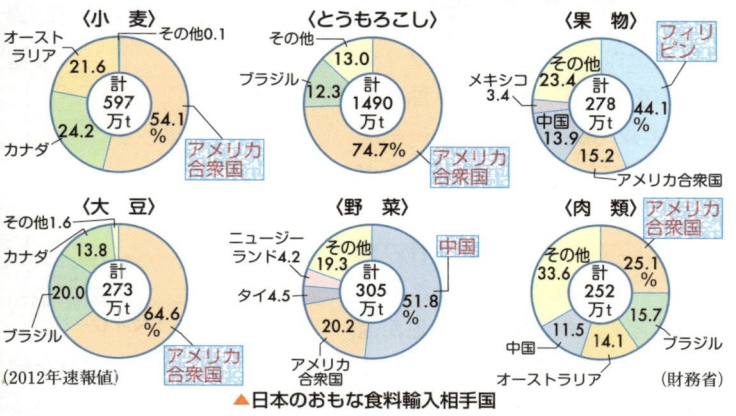

日本のおもな食料輸入相手国

〈小麦〉 計597万t
- アメリカ合衆国 54.1%
- カナダ 24.2
- オーストラリア 21.6
- その他 0.1

〈とうもろこし〉 計1490万t
- アメリカ合衆国 74.7%
- ブラジル 12.3
- その他 13.0

〈果物〉 計278万t
- フィリピン 44.1%
- アメリカ合衆国 15.2
- 中国 13.9
- メキシコ 3.4
- その他 23.4

〈大豆〉 計273万t （2012年速報値）
- アメリカ合衆国 64.6%
- ブラジル 20.0
- カナダ 13.8
- その他 1.6

〈野菜〉 計305万t
- 中国 51.8%
- アメリカ合衆国 20.2
- タイ 4.5
- ニュージーランド 4.2
- その他 19.3

〈肉類〉 計252万t （財務省）
- アメリカ合衆国 25.1%
- ブラジル 15.7
- オーストラリア 14.1
- 中国 11.5
- その他 33.6

ズバリ答えよう

1. 今の日本の食料自給率は約40％，50％のどちらですか？
2. 日本の大豆の輸入相手国で第1位の国はどこですか？
3. 日本の小麦の輸入相手国で第1位の国はどこですか？

ズバリ答えようの解答 1. 40％　2. アメリカ合衆国　3. アメリカ合衆国

14. 食料自給率と食料の輸送

3 流通と商業

　商品が生産者から消費者に届くまでの流れが流通である。商業は流通を行う仕事で、**おろし売り業**と**小売業**に分かれる。**流通経費の節約**のため、小売業者や消費者が生産者から商品を直接買うこともある。野菜や魚などは市場で**せり**にかけられ、せり落とした小売業者によって消費者に売られる。

> **くわしく** ● せ り…買い手が商品に値段をつけあい、もっとも高値をつけた人が買うことができる。

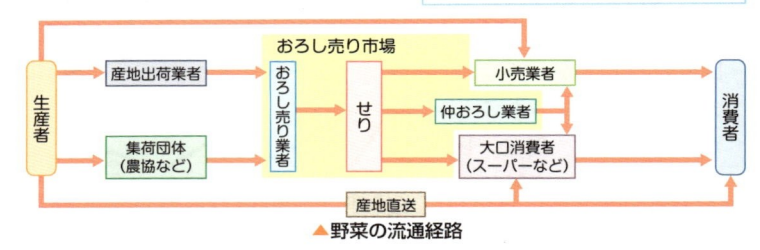

▲野菜の流通経路

4 食料の輸送

- 鮮度を保つため、保冷トラックなどを使って、低温の状態で産地から小売店まで運ぶコールドチェーンという流通のしくみが利用されている。
- フードマイレージは（食料の重さ）×（輸送距離）で表される数のことで、生産地と消費地が遠いほど数が大きくなる。数が小さいほど少ない燃料で食料を輸送でき、環境にやさしくなる。日本は食料を多く輸入しているため、フードマイレージが大きい。

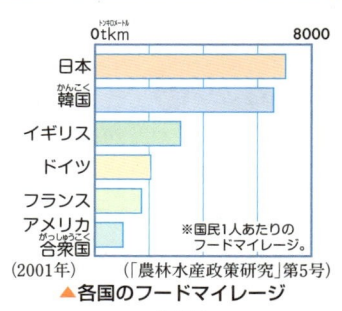

▲各国のフードマイレージ（2001年）（「農林水産政策研究」第5号）
※国民1人あたりのフードマイレージ。

- 地元でとれた食材を地元で消費する「**地産地消**」という考えは、フードマイレージが小さいだけでなく、その地域の活性化にもつながる。

チェックテスト

解答

1. 日本の食料自給率は、少しずつ増えていますか、減っていますか。

   1. 減っている

2. 日本の食料自給率は、ほかの先進諸国と比べると、どうなっているといえますか。

   2. 低い

3. 次のグラフは、品目別の日本の食料自給率です。①～④の品目はそれぞれ何ですか。

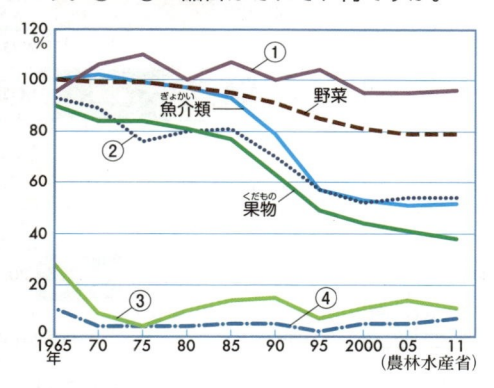

   3. ①米

   ②肉類

   ③小麦

   ④大豆

4. 日本がもっとも多くとうもろこしを輸入している国はどこですか。

   4. アメリカ合衆国

5. 日本が多く小麦を輸入している上位3か国はどこですか。

   5. アメリカ合衆国・カナダ・オーストラリア

6. 日本が多く大豆を輸入している上位3か国はどこですか。

   6. アメリカ合衆国・ブラジル・カナダ

7. （食料の重さ）×（輸送距離）で表される数のことを何といいますか。

   7. フードマイレージ

8. 地元でとれた食材を地元で消費するという考えを何といいますか。

   8. 地産地消

14. 食料自給率と食料の輸送　63

資料のまとめ 2

●ポイント
- 各都道府県の農業生産額の割合に注目する。
- 世界の食料生産国をつかんでおく。
- 日本の食料輸入相手国を覚えておく。

農 業

都道府県別の農業生産額

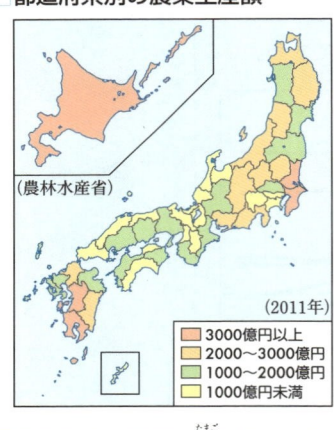

(農林水産省)
(2011年)
- 3000億円以上
- 2000〜3000億円
- 1000〜2000億円
- 1000億円未満

各県の農業生産額の割合

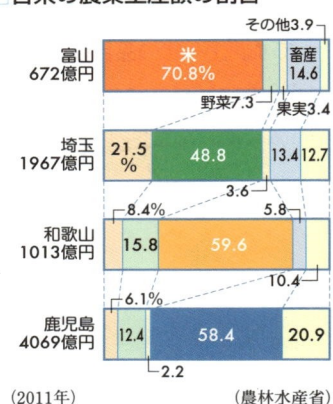

富山 672億円：米 70.8%／野菜 7.3／果実 3.4／畜産 14.6／その他 3.9

埼玉 1967億円：21.5%／48.8／13.4／12.7／3.6

和歌山 1013億円：8.4%／15.8／59.6／5.8／10.4

鹿児島 4069億円：6.1%／12.4／58.4／20.9／2.2

(2011年) (農林水産省)

各作物の生産量と卵用にわとりの飼育羽数

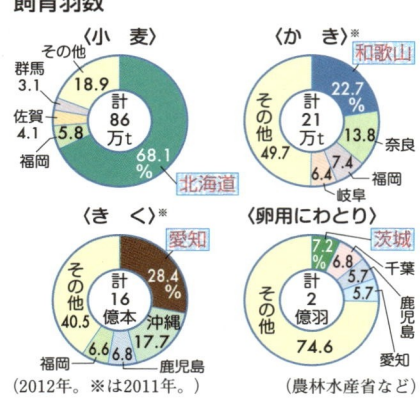

〈小麦〉 計86万t
- 北海道 68.1%
- 福岡 5.8
- 佐賀 4.1
- 群馬 3.1
- その他 18.9

〈かき〉※ 計21万t
- 和歌山 22.7%
- 奈良 13.8
- 福岡 7.4
- 岐阜 6.4
- その他 49.7

〈きく〉※ 計16億本
- 愛知 28.4%
- 沖縄 17.7
- 鹿児島 6.8
- 福岡 6.6
- その他 40.5

〈卵用にわとり〉 計2億羽
- 茨城 7.2%
- 千葉 6.8
- 鹿児島 5.7
- 愛知 5.7
- その他 74.6

(2012年。※は2011年。) (農林水産省など)

値段の変動が大きい野菜(ピーマン)

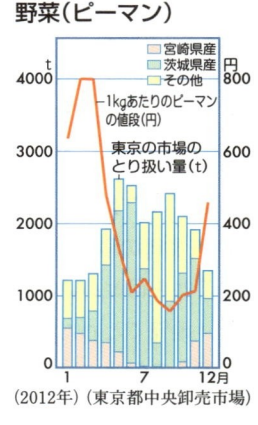

- 宮崎県産
- 茨城県産
- その他
- 1kgあたりのピーマンの値段(円)
- 東京の市場のとり扱い量(t)

(2012年) (東京都中央卸売市場)

水産業・食料生産

海洋牧場のようす

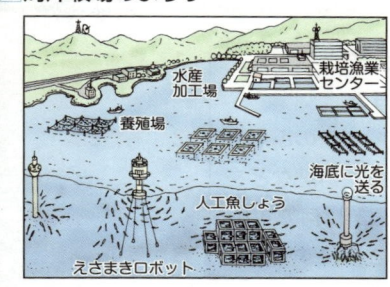

水産加工場／栽培漁業センター／養殖場／海底に光を送る／人工魚しょう／えさまきロボット

コールドチェーンのしくみ

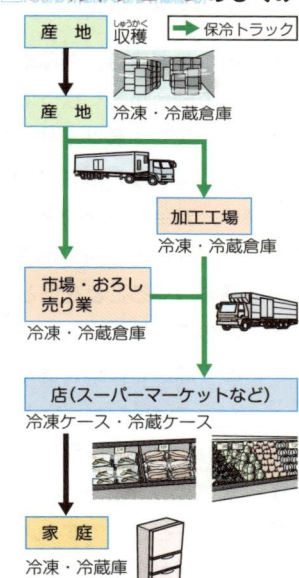

産地（収穫） → 保冷トラック
↓
産地 冷凍・冷蔵倉庫
↓
加工工場 冷凍・冷蔵倉庫
↓
市場・おろし売り業 冷凍・冷蔵倉庫
↓
店（スーパーマーケットなど） 冷凍ケース・冷蔵ケース
↓
家庭 冷凍・冷蔵庫

各国の肉と魚の消費量

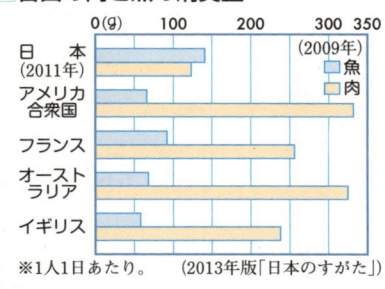

(1人1日あたり、魚／肉)
- 日本（2011年）
- アメリカ合衆国
- フランス
- オーストラリア
- イギリス

(2009年)(2013年版「日本のすがた」)

世界の食料生産

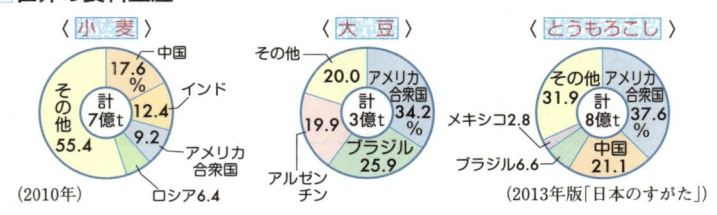

〈小麦〉 計7億t (2010年)
- 中国 17.6%
- インド 12.4
- アメリカ合衆国 9.2
- ロシア 6.4
- その他 55.4

〈大豆〉 計3億t
- アメリカ合衆国 34.2%
- ブラジル 25.9
- アルゼンチン 19.9
- その他 20.0

〈とうもろこし〉 計8億t
- アメリカ合衆国 37.6%
- 中国 21.1
- ブラジル 6.6
- メキシコ 2.8
- その他 31.9

(2013年版「日本のすがた」)

日本の食料輸入相手国・地域

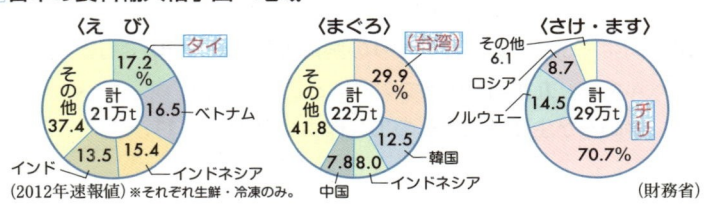

〈えび〉 計21万t
- タイ 17.2%
- ベトナム 16.5
- インドネシア 15.4
- インド 13.5
- その他 37.4

(2012年速報値) ※それぞれ生鮮・冷凍のみ。

〈まぐろ〉 計22万t
- 台湾 29.9%
- 韓国 12.5
- インドネシア 8.0
- 中国 7.8
- その他 41.8

〈さけ・ます〉 計29万t
- チリ 70.7%
- ノルウェー 14.5
- ロシア 8.7
- その他 6.1

(財務省)

章末のまとめテスト ②

解答

1. 日本の農家は，専業農家と兼業農家で，どちらの割合が高くなっていますか。

   1. 兼業農家

2. 化学肥料や農薬を使わずに，家畜のふんやにょうにわらを混ぜてつくったたい肥などを使い，安全な農作物をつくる農業は何ですか。

   2. 有機農業

3. 作物などの性質を改善し，さらにすぐれた品種をつくることを何といいますか。

   3. 品種改良

4. 次の流れは，米づくりの1年です。①〜③にあてはまる作業を答えなさい。
   なえづくり→（ ① ）→（ ② ）→田植え→（ ③ ）→消 毒→稲かり・だっこく

   4. ①田おこし
      ②しろかき
      ③中ぼし

5. 米づくりがさかんな地方は，北海道地方・北陸地方とどこですか。

   5. 東北地方

6. 消費量が多い大都市に近いことを生かして野菜などをつくる農業を何といいますか。

   6. 近郊農業

7. 冬でも比較的あたたかい地方で，ビニールハウスなどを利用し，ほかの産地より早く野菜などをつくる栽培方法を何といいますか。

   7. 促成栽培

8. 高原野菜を多くつくっているところは，長野県と何県ですか。

   8. 群馬県

9. 全国の乳牛の飼育頭数の半分以上をしめている都道府県はどこですか。

   9. 北海道

10. 肉牛・ぶた・肉用にわとりの飼育数がたいへん多い，九州南部の2つの県はどこですか。

    10. 宮崎県・鹿児島県

11. 静岡県が生産量日本一の工芸作物は何ですか。

    11. 茶

66　第2章　日本の食料生産

12. 右の地図中のA～Dの県には、それぞれ都道府県別生産量が第1位である果物があります。その果物をア～エから選びなさい。
 ア みかん
 イ おうとう　ウ りんご　エ ぶどう

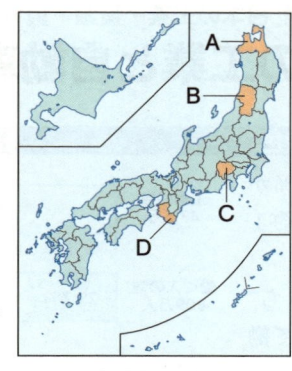

12. A－ウ
　　B－イ
　　C－エ
　　D－ア

13. 日本で特に水あげ量の多い漁港は、千葉県と静岡県の何港か、それぞれ答えなさい。

13. 千葉県－銚子港、
　　静岡県－焼津港

14. ①広島湾、②有明海、③内浦湾でさかんに養殖されている水産物をそれぞれ答えなさい。

14. ①かき
　　②のり
　　③ほたて貝

15. 次のア～ウのうち、日本の食料自給率がもっとも低いものを答えなさい。
 ア 肉類　イ 大豆　ウ 魚介類

15. イ

入試では

次の①～③にあてはまる県を、ア～ウから1つずつ選びなさい。
① 山地のふもとに形成される扇状地は、水はけがよく、現在はりんごやぶどうの生産がさかんである。
② 七夕まつりは東北三大祭りの一つ。三陸海岸の沖合いに寒流と暖流がぶつかる潮目があり、豊かな漁場となっている。
③ 信濃川の下流に広がる越後平野は、全国でも有数の米の単作地帯となっている。
ア 新潟県　イ 長野県　ウ 宮城県

解答　①イ　②ウ　③ア

〔立正中－改〕

パート1　要点チェック編

・第3章・　日本の工業・資源・貿易

15 日本の工業と自動車工業

1 日本の工業の特色　★

- 日本の工場の約99%が中小工場。残りの約1%が大工場。
- 工場で働く人のうち、約70%は中小工場で働いている。
- 生産額は中小工場より大工場のほうが多い。
- 伝統的工芸品などの手作業の仕事から、大工場から注文をもらって、自動車・電気製品などの部品を機械でつくる下うけ工場など。すぐれた技術力で、日本の工業製品の品質の良さを支える。
- 賃金が少なく、設備が不十分な工場も多い。
- 中小工場は、大工場のえいきょうを受けやすい(不況などで大工場が事業を縮小すると、仕事がなくなることもある)。

	中小工場	大工場
工場の数 43.5万	99.2	0.8%
働く人の数 809万人	29.7%	70.3
製造品出荷額 291兆円	53.0%	47.0

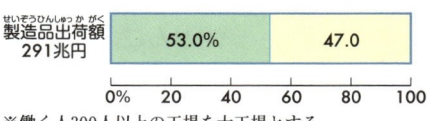

※働く人300人以上の工場を大工場とする。
(2010年)　(2012/13年版「日本国勢図会」)
▲大工場と中小工場の割合

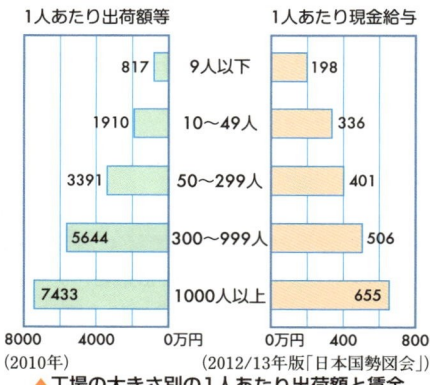

1人あたり出荷額等／1人あたり現金給与

工場規模	1人あたり出荷額(万円)	1人あたり現金給与(万円)
9人以下	817	198
10〜49人	1910	336
50〜299人	3391	401
300〜999人	5644	506
1000人以上	7433	655

(2010年)　(2012/13年版「日本国勢図会」)
▲工場の大きさ別の1人あたり出荷額と賃金

> **これはたいせつ！** 中小工場の中には世界でそこしかもっていない技術をもったオンリーワン企業がある。

学習の ポイント	● 日本の工場の特ちょうを知る。 ● 日本の中小工場について理解する。 ● 日本の自動車工業について知る。

2 いろいろな工業 ★★

▲ 工業の種類

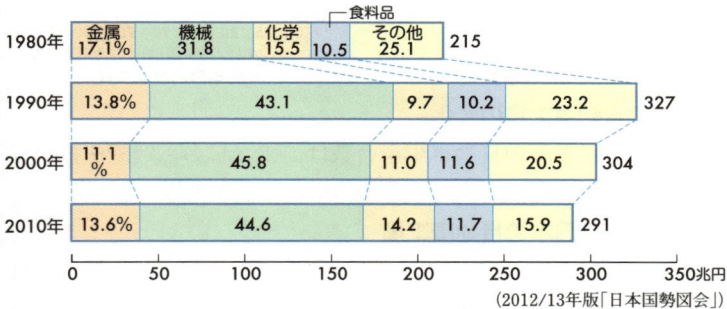

（金属工業：なべ、レール、はさみ、電線）
（機械工業：カメラ、時計、テレビ、自動車、パソコン）
（化学工業：薬品、石油製品、石けん、プラスチック）
　→ 重化学工業

（せんい工業：化学せんい織物、衣類、毛糸、綿織物）
（食料品工業：パン、ハム、びんづめ、牛乳）
　→ 軽工業

年	金属	機械	化学	食料品	せんい	その他	合計
1980年	17.1%	31.8	15.5	10.5		25.1	215
1990年	13.8%	43.1		9.7	10.2	23.2	327
2000年	11.1%	45.8		11.0	11.6	20.5	304
2010年	13.6%	44.6		14.2	11.7	15.9	291

(2012/13年版「日本国勢図会」)

▲ いろいろな工業の出荷額の移り変わり

日本の工業は、金属・機械・化学といった**重化学工業**が中心になっている。

ズバリ 答えよう	1. 日本の中小工場の1人あたりの出荷額は大工場に比べて多いか少ないか答えられますか？ 2. 近年、日本で最も割合の高いのは何工業ですか？

ズバリ答えようの解答 1. 少ない　2. 機械工業

15. 日本の工業と自動車工業

3 機械工業 ★★

家電製品などの電気機械，パソコンなどの情報通信機械，工場などでの工作機械，自動車などの輸送用機械などがふくまれる。わが国の工業生産全体の40％以上をしめている。近年，家電などは海外で生産することが多く，**産業の空洞化**が起こっている。

4 自動車工業 ★★★

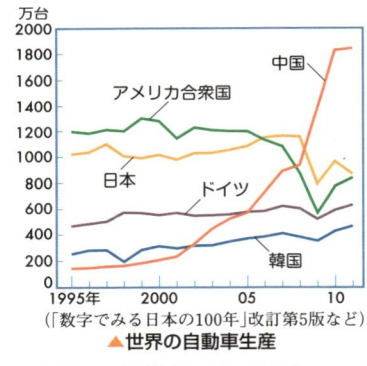

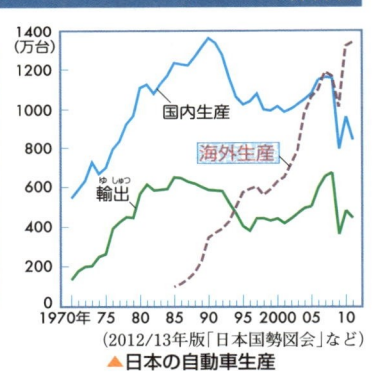

▲世界の自動車生産

▲日本の自動車生産

○ 近年の自動車工業の変化

1980年に日本の自動車生産台数は，アメリカ合衆国を抜いて世界一となったが，現在は中国の生産台数が世界一である。

○ 海外にある日本の自動車工場

- 日本の自動車が外国，特にアメリカ合衆国へどんどん輸出されるようになると，アメリカ合衆国では自国の自動車が売れなくなり，失業者が増えるなどの貿易摩擦問題が起こった。
- 貿易摩擦を解消するために，日本の自動車会社は，輸出先に工場をつくるようになった。

> **これはたいせつ！** 自動車会社が，海外に工場をつくって現地（海外）生産を行うと，現地の人々の働き口ができる。また会社にとっては日本より安い賃金で人を雇いやすい。

チェックテスト

解 答

☐ 1．日本の工場のうち，中小工場のしめる割合は約何%ですか。

1．99%

☐ 2．日本の製造品出荷額全体の半分以上をしめているのは，中小工場と大工場のどちらの方ですか。

2．大工場

☐ 3．カメラやテレビや自動車などをつくっている工業を何といいますか。

3．機械工業

☐ 4．1990年と2010年のうち，日本において製造品出荷額が多かったのはどちらの方ですか。

4．1990年

☐ 5．1980年代に日本の自動車が，特にアメリカ合衆国に多く輸出されるようになり，アメリカ合衆国で自国の自動車が売れなくなり，失業者が増えるなどの問題が起こりました。この問題を何といいますか。

5．貿易摩擦

☐ 6．5.の問題を解決しようとするために，日本の自動車会社が輸出先に工場をつくり，そこで自動車の生産，販売をすることを何といいますか。

6．現地(海外)生産

☐ 7．わが国の自動車の生産台数は，2011年現在，世界第何位ですか。

7．2位

☐ 8．自動車工場では，おもに□□□を組み立てて製品にしている。

8．部品

☐ 9．日本の自動車工場の町といわれている豊田市は何県にありますか。

9．愛知県

15．日本の工業と自動車工業　71

パート1　要点チェック編

・第3章・ 日本の工業・資源・貿易

16 さまざまな工業

1 金属工業　★★★

- **金属工業**…鉄鋼・非鉄金属・金属製品など。もっとも生産量が多いのは鉄鋼。非鉄金属には電線などに使う銅，蓄電器などに使うなまり，トタンなどに使う亜鉛などがある。
- **立　地**…原料の鉄鉱石などを大型船で輸入し，製品を大型船などで輸送するため，臨海部に多い。

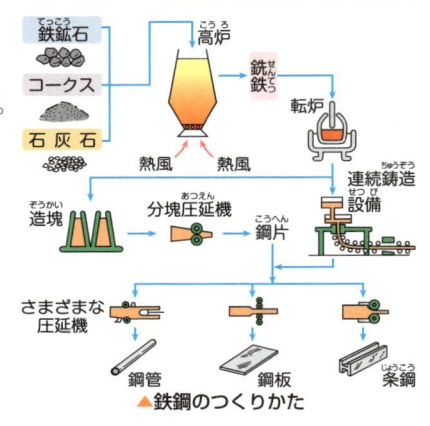

▲鉄鋼のつくりかた

> **これはたいせつ！** 近年，とれる量は少ないが，携帯電話の部品などに使われるレアメタルの採掘が注目されている。

2 化学工業　★★

- **化学工業**…化学肥料・合成せんい・プラスチック・医薬品など，第二次世界大戦後，著しく発展した。
- **立　地**…原料の石油などを西アジアなどからタンカーで輸入するため，臨海部に多い。関連工場の集まった石油化学コンビナートがつくられる。

▲石油化学コンビナート（図中の●）

- 石油化学コンビナートは，**太平洋ベルト**に集中している。

| 学習の
ポイント | ● 金属工業の特ちょうを知る。
● 化学工業のさかんな地域について知る。
● 伝統工業の名前と生産地について理解する。 |

3 伝統工業 ★★

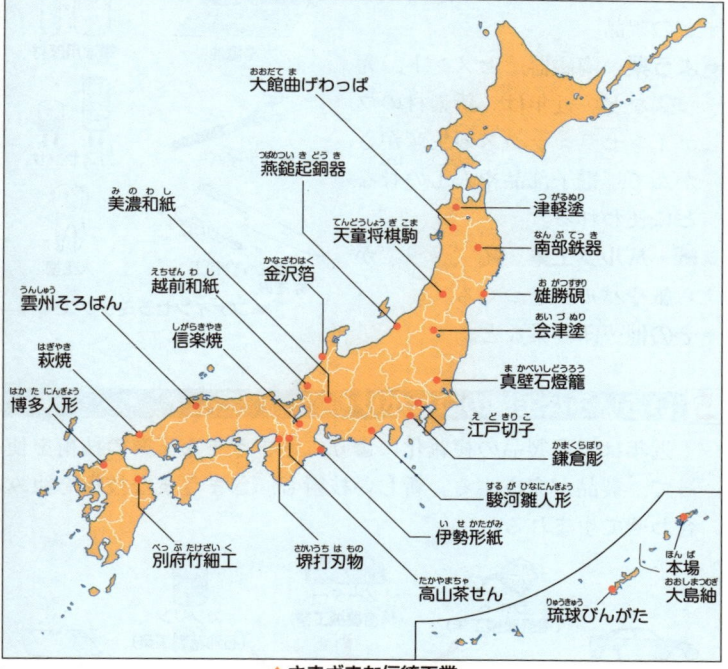

地図中の伝統工芸品:
- 大館曲げわっぱ
- 燕鎚起銅器
- 美濃和紙
- 天童将棋駒
- 津軽塗
- 南部鉄器
- 越前和紙
- 金沢箔
- 雄勝硯
- 雲州そろばん
- 信楽焼
- 会津塗
- 萩焼
- 真壁石燈籠
- 博多人形
- 江戸切子
- 鎌倉彫
- 駿河雛人形
- 伊勢形紙
- 別府竹細工
- 堺打刃物
- 高山茶せん
- 琉球びんがた
- 本場大島紬

▲さまざまな伝統工業

● 伝統的工芸品には、**伝統マーク**がつけられている。
● 長年うけつがれてきた技術と原材料でつくる。
● あとつぎや原材料の不足が問題になっている。

| ズバリ
答えよう | 1. プラスチックをつくる工業を何といいますか？
2. 石油を専門に輸送する大型船をカタカナで何といいますか？ |

ズバリ答えようの解答 1. (石油)化学工業 2. タンカー

16. さまざまな工業 73

4 その他の工業（食料品・せんいなど） ★

- **食料品工業**…近年は、インスタント食品のほか、レトルト食品が多い。
- **せんい工業**…糸や織物や衣服などの製品。
- **よう業**…陶磁器、セメント、ガラスなど。近年は、新素材のファインセラミックスの生産がさかんで、電子部品や人工の骨などに使われる。
- **紙・パルプ工業**…木材チップから紙やパルプをつくる。
- **その他**…印刷業など。

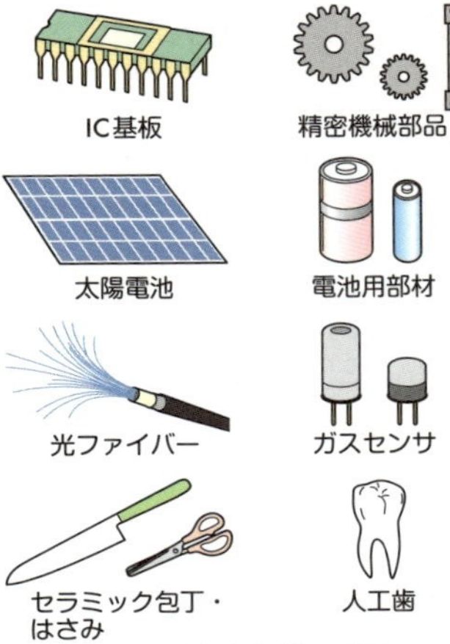

IC基板　精密機械部品
太陽電池　電池用部材
光ファイバー　ガスセンサ
セラミック包丁・はさみ　人工歯

▲ファインセラミックス

5 いろいろな工業のつながり ★★

近年は工業製品の複雑化により、さまざまな工業の技術を使って、製品が完成する。新しい技術も、さまざまな技術を組み合わせて生まれる。

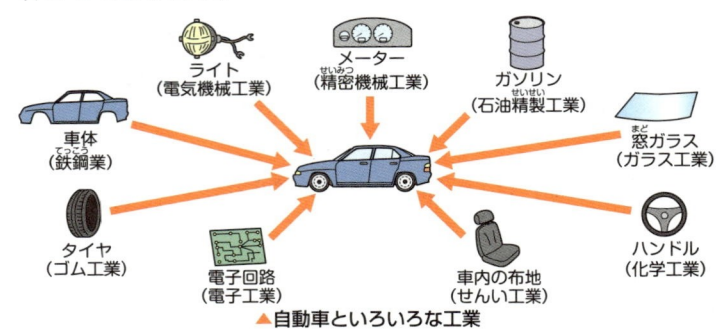

ライト（電気機械工業）
メーター（精密機械工業）
ガソリン（石油精製工業）
車体（鉄鋼業）
窓ガラス（ガラス工業）
タイヤ（ゴム工業）
電子回路（電子工業）
車内の布地（せんい工業）
ハンドル（化学工業）

▲自動車といろいろな工業

これはたいせつ! 部品をつくる工場と組み立て工場が別々の国であることも多い。

チェックテスト

解答

1. 日本の金属工業全体の中で、もっとも生産量の多い製品は何ですか。

   1. 鉄鋼

2. 大規模な製鉄所が多いのは、内陸部と臨海部のどちらですか。

   2. 臨海部

3. ほかの工業製品の素材となるプラスチックや、医薬品などをつくる工業は何ですか。

   3. 化学工業

4. 伝統工業のうち、津軽塗は何県でつくられていますか。

   4. 青森県

5. パンやジュース・インスタントラーメンなどをつくる工業を何といいますか。

   5. 食料品工業

6. 天然せんいなどを原料に、糸や織物をつくる工業を何といいますか。

   6. せんい工業

7. 茶わんやタイルなどをつくる工業を何といいますか。

   7. よう業

8. 特別な原料を使ってつくられる、電子部品や人工の骨などに使われる焼き物をカタカナで何といいますか。

   8. ファインセラミックス

9. 紙やパルプの原料となる木を薄く細かくしたものを何といいますか。

   9. 木材チップ

10. 自動車は、いろいろな工業のつながりでつくられる。車体は ① 業によってつくられ、タイヤは ② 工業によってつくられている。また、車内のシートなどに使われている布地は ③ 工業、プラスチックなどを使うハンドルは ④ 工業によってつくられている。①〜④にあてはまる工業名を答えなさい。

    10. ①鉄鋼
        ②ゴム
        ③せんい
        ④化学

16. さまざまな工業　75

パート1　要点チェック編

17 ・第3章・ 日本の工業・資源・貿易
工業のさかんな地域

1 三大工業地帯（京浜・中京・阪神） ★★★

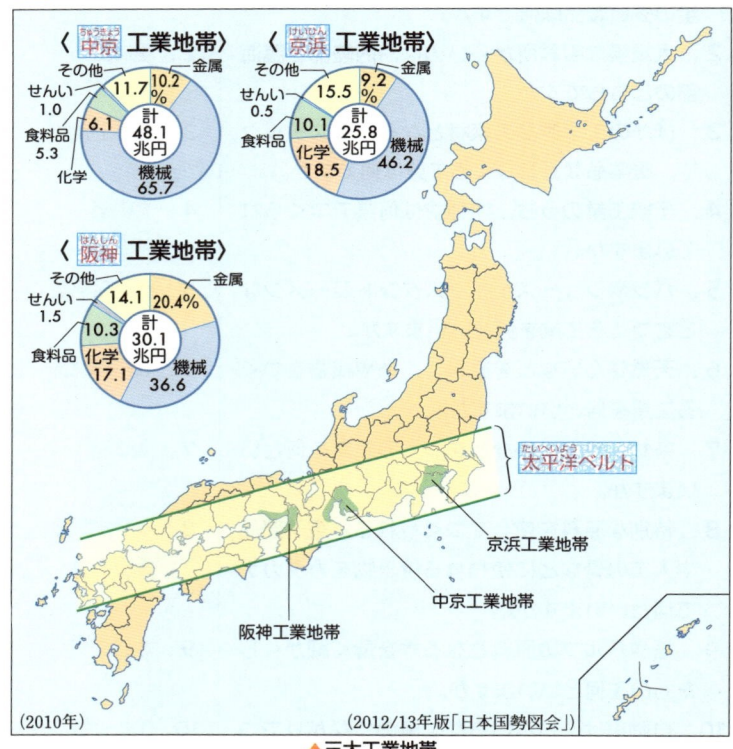

〈中京工業地帯〉
その他 11.7　金属 10.2%
せんい 1.0
食品品 5.3
化学 6.1
機械 65.7
計 48.1兆円

〈京浜工業地帯〉
その他 15.5　金属 9.2%
せんい 0.5
食料品 10.1
化学 18.5
機械 46.2
計 25.8兆円

〈阪神工業地帯〉
その他 14.1　金属 20.4%
せんい 1.5
食料品 10.3
化学 17.1
機械 36.6
計 30.1兆円

太平洋ベルト

京浜工業地帯
中京工業地帯
阪神工業地帯

(2010年)　　(2012/13年版「日本国勢図会」)

▲三大工業地帯

● 日本の工業は古くからある工業地帯から発達した。ほかの臨海地域でも工業がさかんになると太平洋ベルトが形成された。

> **くわしく** ●**太平洋ベルト**…三大工業地帯のほか，京葉工業地域・東海工業地域・瀬戸内工業地域・北九州工業地域をふくむ。船を利用しやすい海ぞいに発達している。また，太平洋ベルトは人口も多い。

学習の ポイント	● 三大工業地帯について知る。 ● 三大工業地帯のそれぞれの特ちょうを知る。 ● 三大工業地帯以外の工業地域について知る。

	京浜	中京	阪神	その他
1960年 15.6兆円	24.7%	10.8	20.9	その他43.6
1970年 69.0兆円	22.1%	11.1	17.7	49.1
1980年 214.7兆円	17.5%	11.7	14.1	56.7
1990年 327.1兆円	15.8%	13.6	12.4	58.2
2000年 303.6兆円	13.3%	14.1	10.7	61.9
2005年 298.1兆円	10.3%	16.5	10.1	63.1
2010年 290.8兆円	8.9%	16.6	10.4	64.1

(2012/13年版「日本国勢図会」など)

▲三大工業地帯の出荷額割合

- **京浜工業地帯**…東京・横浜が中心。情報の集まる地域であり、それに関係する出版社が多く、印刷業が発達。
- **中京工業地帯**…名古屋が中心。豊田などでは自動車工業、瀬戸・多治見はよう業が発達。
- **阪神工業地帯**…大阪・神戸が中心。京浜・中京に比べて、金属工業やせんい工業の割合が高く、工場の規模別には中小工場のしめる割合が高い。
- **北九州工業地域**は、かつて工業地帯にふくまれていた。

ズバリ 答えよう	1. 京浜工業地帯の「京」「浜」は、どの都市ですか？ 2. 中京工業地帯の中心となる県はどこですか？ 3. 阪神工業地帯の「阪」「神」は、どの都市ですか？

ズバリ答えようの解答 1. 東京と横浜 2. 愛知県 3. 大阪と神戸

17. 工業のさかんな地域

2 工業地域(関東内陸・京葉・東海・瀬戸内・北九州) ★★

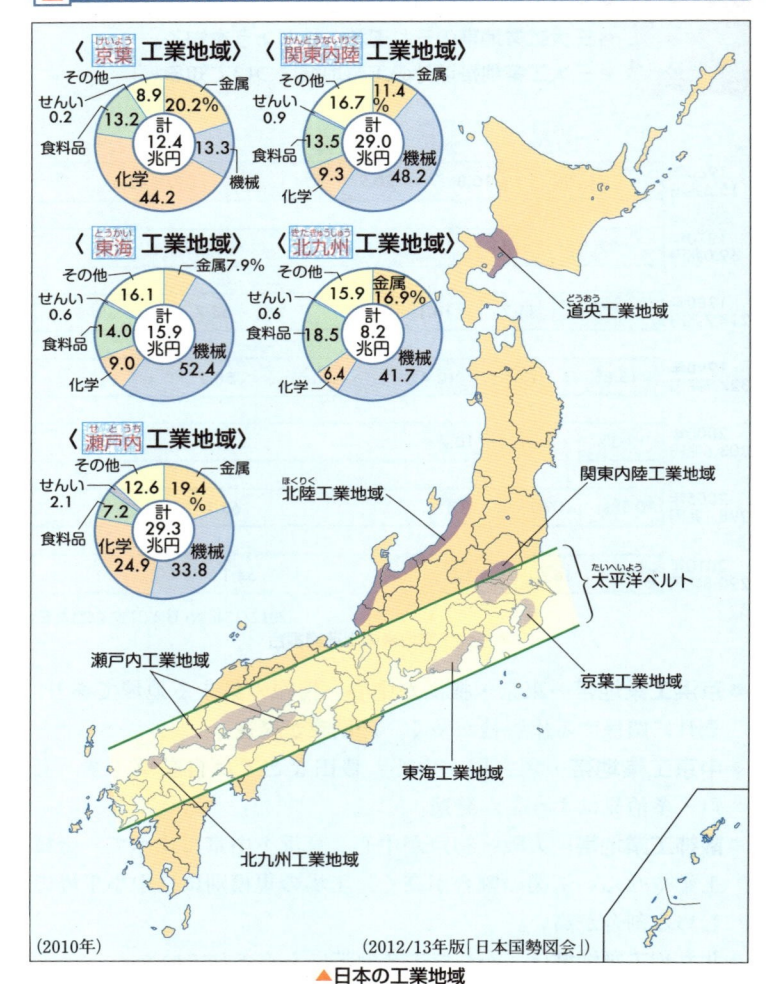

〈京葉 工業地域〉
- その他 8.9
- 金属 20.2%
- せんい 0.2
- 食料品 13.2
- 化学 44.2
- 機械 13.3
- 計 12.4兆円

〈関東内陸 工業地域〉
- その他 16.7
- 金属 11.4%
- せんい 0.9
- 食料品 13.5
- 化学 9.3
- 機械 48.2
- 計 29.0兆円

〈東海 工業地域〉
- その他 16.1
- 金属 7.9%
- せんい 0.6
- 食料品 14.0
- 化学 9.0
- 機械 52.4
- 計 15.9兆円

〈北九州 工業地域〉
- その他 15.9
- 金属 16.9%
- せんい 0.6
- 食料品 18.5
- 化学 6.4
- 機械 41.7
- 計 8.2兆円

〈瀬戸内 工業地域〉
- その他 12.6
- 金属 19.4%
- せんい 2.1
- 食料品 7.2
- 化学 24.9
- 機械 33.8
- 計 29.3兆円

(2010年) (2012/13年版「日本国勢図会」)

地図上の表示:
- 道央工業地域
- 北陸工業地域
- 関東内陸工業地域
- 太平洋ベルト
- 京葉工業地域
- 瀬戸内工業地域
- 東海工業地域
- 北九州工業地域

▲日本の工業地域

京葉・瀬戸内は金属・化学,関東内陸・東海は機械が中心。

これはたいせつ! 北九州工業地域は,金属工業中心から,機械工業中心へと変化している。

チェックテスト

解答

1. 関東地方の南部から九州地方の北部までの海岸ぞいに、太平洋にそって帯のように広がる工業のさかんな地域を何といいますか。

2. 四大工業地帯から三大工業地帯とよばれるようになりましたが、どの工業地帯がはぶかれたのですか。

3. 三大工業地帯のうち、現在出荷額がもっとも多い工業地帯はどこですか。

4. 阪神工業地帯は、ほかの工業地帯と比べて大工場と中小工場のどちらの工場が多いのが特ちょうですか。

5. 中京工業地帯は機械工業がさかんですが、その中で中心の工業は何ですか。また、その工業が特にさかんなところは、何市ですか。

6. 京浜工業地帯の特色は、□□□社が多く、印刷業の割合がほかの工業地帯・地域より高いことである。

7. 過密になった京浜工業地帯から工場が進出してきた、埼玉・群馬・栃木県に広がる工業地域を何といいますか。

8. 千葉県の東京湾ぞいにできた工業地域を何といいますか。

9. ＩＣは値段が ① く、小さくて軽いので、運賃の高い航空機で運んでも採算が合う。そのため、ＩＣ工場は高速道路ぞいや ② の近くに集まっている。①・②にあてはまる語句を答えなさい。

---

1. 太平洋ベルト

2. 北九州

3. 中京工業地帯

4. 中小工場

5. 自動車工業、豊田市

6. 出版

7. 関東内陸工業地域

8. 京葉工業地域

9. ①高
   ②空港

17. 工業のさかんな地域

パート1　要点チェック編

・第3章・　日本の工業・資源・貿易

18 日本の資源・エネルギーと電力

1 資源を輸入にたよる日本　★★★

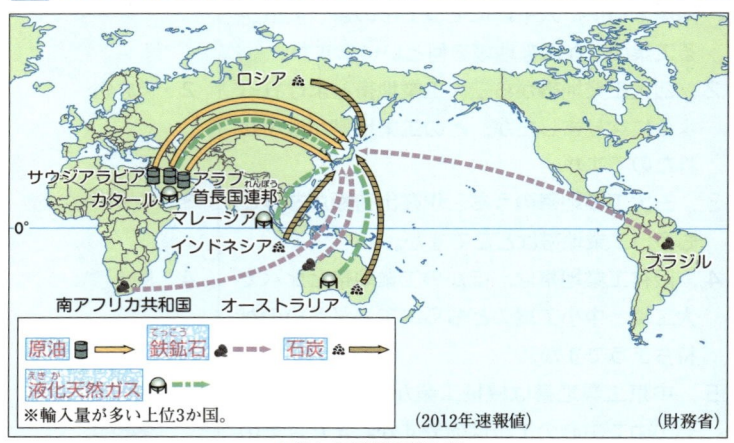

▲おもな資源の輸入先（2012年速報値）（財務省）

原油 42億kL： ロシア 14.2%／アメリカ合衆国 7.7／サウジアラビア 12.4／中国 5.6／その他 60.1

石炭 55億t： 中国 54.2%／アメリカ合衆国 8.6／インド 9.7／オーストラリア 5.4／その他 22.1

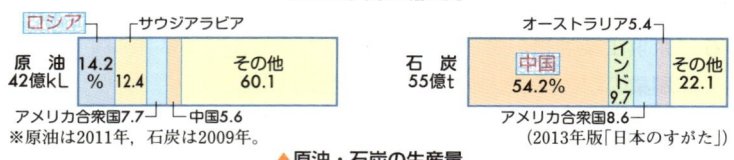

※原油は2011年，石炭は2009年。
（2013年版「日本のすがた」）

▲原油・石炭の生産量

- 日本は資源の大部分を輸入している。近年，日本近海の海底などに眠る**メタンハイドレート**（天然ガスの主成分のメタンが圧縮されたもの）や**レアメタル**（電子部品などに使われるリチウムなどの希少金属）を活用するための技術の研究が進む。
- 日本のエネルギー自給率は12.4％（2011年）で，主要国の中ではきわめて低い。

> **くわしく**
> - **原油・石炭**…日本は99％以上を輸入。
> - **鉄鉱石**…日本は100％を輸入。
> - **石灰石**…日本は100％自給している。

| 学習の
ポイント | ● 日本の資源輸入先を知る。
● 日本の発電について知る。
● それぞれの発電の特ちょうについて理解する。 |

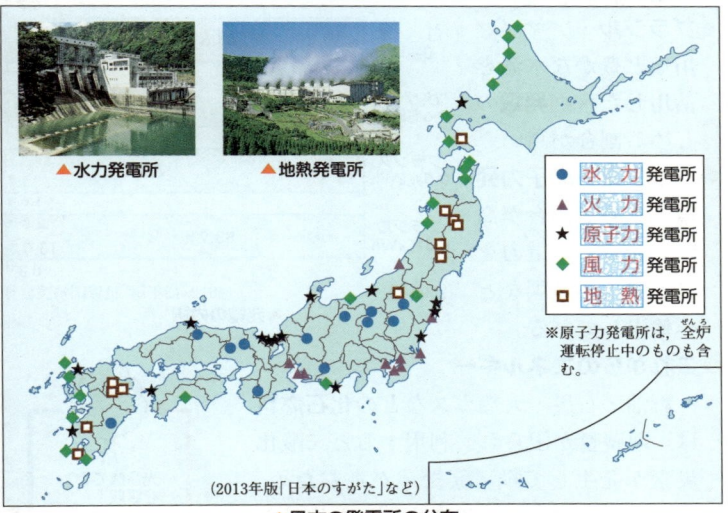

2 電　力　★★

▲水力発電所　▲地熱発電所

● 水力発電所
▲ 火力発電所
★ 原子力発電所
◆ 風力発電所
□ 地熱発電所

※原子力発電所は、全炉運転停止中のものも含む。

(2013年版「日本のすがた」など)

▲日本の発電所の分布

- **火力発電**…燃料を輸入するため、港に近い臨海部に発電所が多い。
- **水力発電**…動力に水を使うため、ダムをつくりやすい内陸部の山地に発電所が多い。
- **原子力発電**…冷却用の水を大量に使うため、臨海部に発電所が多い。2011年の東日本大震災での福島第一原子力発電所事故以降、安全性が議論されている。

| ズバリ
答えよう | 1．アルミニウムの原料資源を答えられますか？
2．日本の原油の輸入先の1位の国(2012年)はどこですか？ |

ズバリ答えようの解答　1．ボーキサイト　2．サウジアラビア

3 電力の問題 ★★★

◎ 各国の電力

- **日本・アメリカ合衆国**…火力発電のしめる割合が高い。
- **ブラジル**…アマゾン川など豊かな水流を活用した水力発電のしめる割合が高い。
- **フランス**…原子力発電のしめる割合が高い。発電した電力をヨーロッパ各国などへ輸出している。

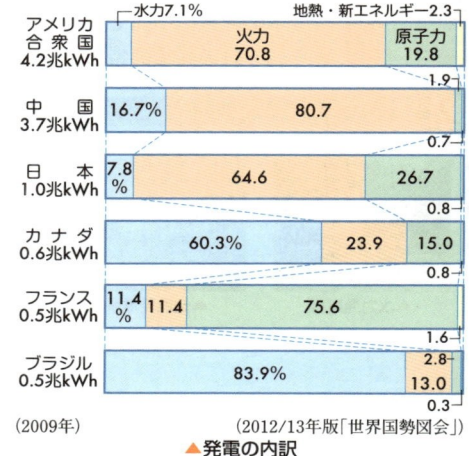

発電の内訳（2009年）（2012/13年版「世界国勢図会」）

国	水力	火力	原子力	地熱・新エネルギー
アメリカ合衆国 4.2兆kWh	7.1%	70.8	19.8	2.3
中国 3.7兆kWh	16.7%	80.7	1.9	0.7
日本 1.0兆kWh	7.8%	64.6	26.7	0.8
カナダ 0.6兆kWh	60.3%	23.9	15.0	0.8
フランス 0.5兆kWh	11.4%	11.4	75.6	1.6
ブラジル 0.5兆kWh	83.9%	13.0	2.8	0.3

◎ これからのエネルギー

石油・石炭・天然ガスなどの**化石燃料**は，埋蔵量が限られ，利用すると二酸化炭素が発生して地球温暖化が進むため，自然にある再生可能エネルギーが注目されている。

▲バイオマス発電（光合成でCO_2を吸収／有機物／電力／発電）

- **太陽光発電**…屋根などに設置した設備で太陽光を電気に変える。
- **地熱発電**…火山などの地熱を利用して発電する。
- **風力発電**…風力で風車を回して発電する。
- **バイオマス発電**…さとうきびやトウモロコシや生ゴミなどを原料にしたバイオエタノールなどのバイオ燃料を利用して発電。

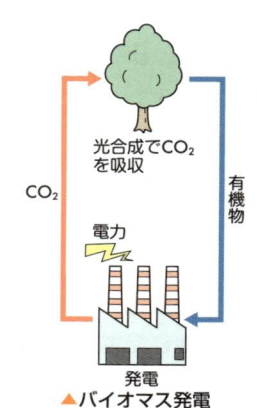

> **これはたいせつ！** バイオエタノールのためにトウモロコシなどの穀物を使いすぎると，食べるための穀物が不足するのではないか，という心配も指摘されている。

チェックテスト

解答

1. 日本の石炭の最大の輸入先(2012年現在)はどこですか。

   1. オーストラリア

2. 日本の鉄鉱石の最大の輸入先(2012年現在)はどこですか。

   2. オーストラリア

3. 世界の石油の埋蔵量が集中しているのは、何湾の沿岸ですか。

   3. ペルシア湾

4. もっとも原子力発電の割合が高い国はどこか、ア～エから1つ選びなさい。
   ア 日本　　イ アメリカ合衆国
   ウ フランス　エ ブラジル

   4. ウ

5. (①)発電所は、燃料を輸入するため、港が近い臨海部に多く、(②)発電所も水を大量に使うため、臨海部に多い。(③)発電所は、水が豊富な内陸部に多いという特ちょうがある。①～③にあてはまる語句を答えなさい。

   5. ①火力
   ②原子力
   ③水力

6. 石油や石炭などをまとめて何燃料といいますか。

   6. 化石燃料

7. 6.を燃やすことで発生する二酸化炭素によって起こる地球環境問題は何ですか。

   7. 地球温暖化

8. 屋根などに装置を取り付け、太陽の光から電気をつくる発電を何といいますか。

   8. 太陽光発電

9. おもに沿岸部に風車を設置し、電気をつくる発電を何といいますか。

   9. 風力発電

10. 8.や9.のような、枯渇することのないエネルギーをまとめて何とよびますか。

    10. 再生可能エネルギー

18. 日本の資源・エネルギーと電力

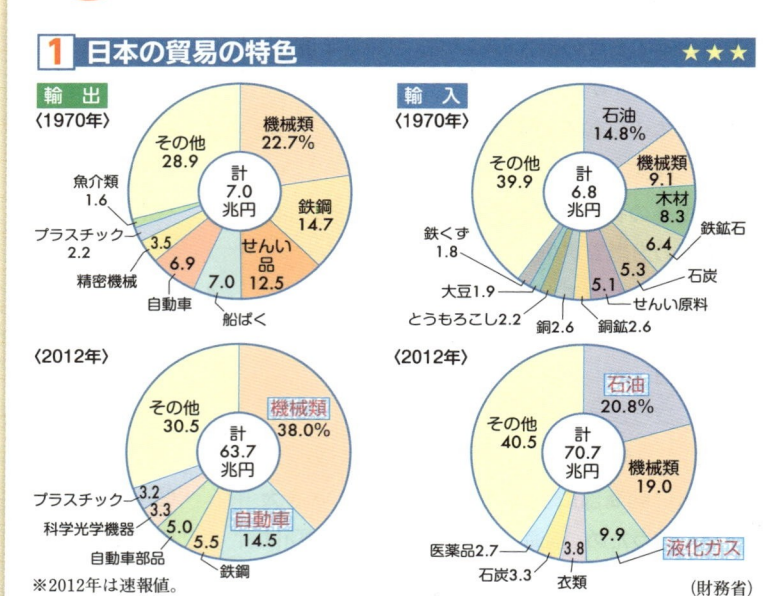

19 ・第3章・ 日本の工業・資源・貿易
日本の貿易

1 日本の貿易の特色 ★★★

輸出

〈1970年〉 計7.0兆円
- 機械類 22.7%
- 鉄鋼 14.7
- せんい品 12.5
- 船ぱく 7.0
- 自動車 6.9
- 精密機械 3.5
- プラスチック 2.2
- 魚介類 1.6
- その他 28.9

〈2012年〉 計63.7兆円
- 機械類 38.0%
- 自動車 14.5
- 鉄鋼 5.5
- 自動車部品 5.0
- 科学光学機器 3.3
- プラスチック 3.2
- その他 30.5

輸入

〈1970年〉 計6.8兆円
- 石油 14.8%
- 機械類 9.1
- 木材 8.3
- 鉄鉱石 6.4
- 石炭 5.3
- せんい原料 5.1
- 銅鉱 2.6
- 銅 2.6
- とうもろこし 2.2
- 大豆 1.9
- 鉄くず 1.8
- その他 39.9

〈2012年〉 計70.7兆円
- 石油 20.8%
- 機械類 19.0
- 液化ガス 9.9
- 衣類 3.8
- 石炭 3.3
- 医薬品 2.7
- その他 40.5

※2012年は速報値。 (財務省)

▲日本の輸出入品の移りかわり

- 資源の少ないわが国は、原料や燃料を大量に輸入し、それを高い技術を使って**国内**の工場で製品をつくり、製品を輸出する**加工貿易**という形で工業が発展してきた。戦前は**せんい品**、戦後は重化学工業化により、鉄鋼や船ぱく・**自動車**・家電製品へと変化している。
- 近年、中国や東南アジア諸国の工業化が進んだこと、日本の企業が現地生産を増やしていることなどから、わが国の輸入品の割合は、原料や燃料のほか、機械類などの製品も高くなっている。

> **くわしく** ●日本の輸入品…原料の輸入の割合が減り、製品の輸入が多くなってきている。

84 第3章 日本の工業・資源・貿易

| 学習の
ポイント | ● 日本の輸出入品の特ちょうを知る。
● 日本のおもな貿易相手国を知る。
● 日本の貿易の特ちょうを知る。 |

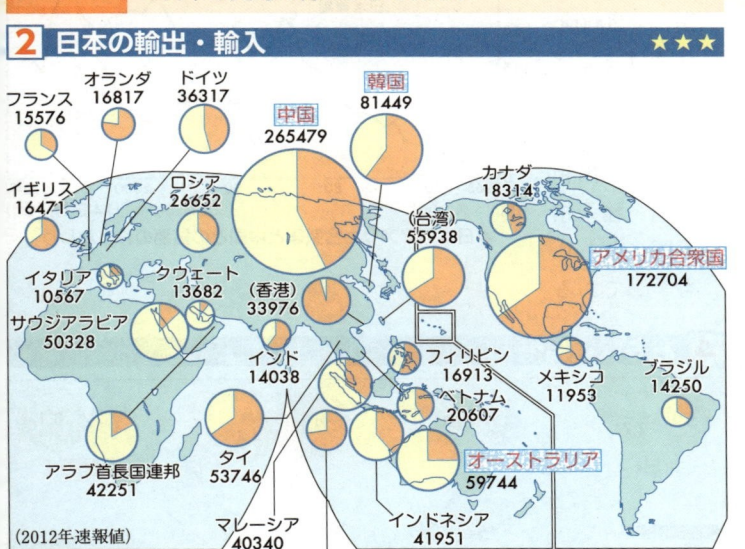

2 日本の輸出・輸入 ★★★

- フランス 15576
- オランダ 16817
- ドイツ 36317
- 韓国 81449
- 中国 265479
- カナダ 18314
- イギリス 16471
- ロシア 26652
- (台湾) 55938
- アメリカ合衆国 172704
- イタリア 10567
- クウェート 13682
- (香港) 33976
- サウジアラビア 50328
- インド 14038
- フィリピン 16913
- メキシコ 11953
- ブラジル 14250
- ベトナム 20607
- アラブ首長国連邦 42251
- タイ 53746
- オーストラリア 59744
- (2012年速報値)
- マレーシア 40340
- シンガポール 25589
- インドネシア 41951

輸入 輸出

※数字は輸出入総額で単位は億円。　　　　　　　　　　　　　　　　（財務省）

▲日本のおもな貿易相手先

- 近年、わが国の会社が賃金の安いアジアの国・地域へ工場を移しているため、わが国はアジア向けの部品の輸出、アジアからの製品の輸入が増えている。
- 日本は多くの資源を輸入しているオーストラリア・インドネシア・サウジアラビア・アラブ首長国連邦などとは貿易赤字になっている。

| ズバリ
答えよう | 1. わが国の最大の輸出相手国(2012年)はどこですか？
2. 日本が金額でもっとも多く輸入しているもの(2012年)は何ですか？ |

ズバリ答えようの解答 1. 中国　2. 石油

19. 日本の貿易　**85**

3 日本の貿易相手国 ★★

わが国の最大の貿易相手国は、2000年代半ばまでアメリカ合衆国であったが、現在は輸出相手国・輸入相手国のどちらも中国である。

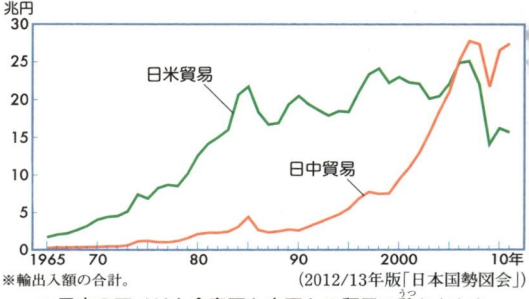

▲日本のアメリカ合衆国と中国との貿易の移りかわり

4 おもな貿易港 ★★

おもな貿易港（輸出・輸入、単位 兆円、2011年）

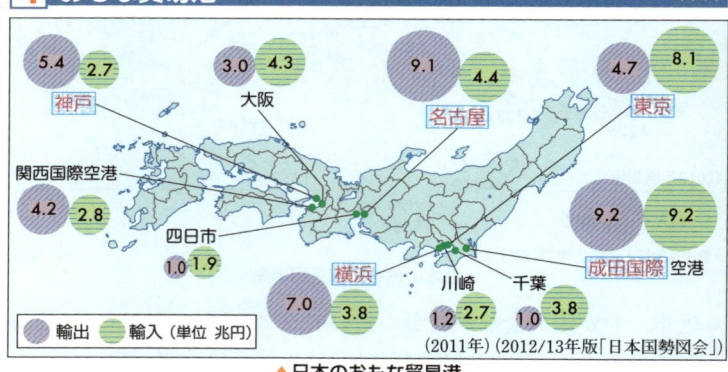

- 神戸：輸出 5.4／輸入 2.7
- 大阪：輸出 3.0／輸入 4.3
- 名古屋：輸出 9.1／輸入 4.4
- 東京：輸出 4.7／輸入 8.1
- 関西国際空港：輸出 4.2／輸入 2.8
- 四日市：輸出 1.0／輸入 1.9
- 横浜：輸出 7.0／輸入 3.8
- 川崎：輸出 1.2／輸入 2.7
- 千葉：輸出 1.0／輸入 3.8
- 成田国際空港：輸出 9.2／輸入 9.2

▲日本のおもな貿易港

- **空 港**…ICなどの軽くて高価な電子部品の輸出入に利用するほか、冷凍技術の発達によって、冷凍されたマグロなど、鮮度が大切なものが輸出入されている。
- **港**…石油などの燃料・鉄鉱石や木材などの原材料、自動車などの機械類など、重くていたみにくいものが輸出入される。

> **これはたいせつ!** 近年は加工貿易より製品輸入が増加し、アジア諸国との貿易の割合が高くなっている。

チェックテスト

解答

1. 2012年の統計を見ると，日本の貿易相手国で輸入・輸出の合計がもっとも多いのはどこですか。

   1. 中国
   （中華人民共和国）

2. 1.の国の次に輸入・輸出の合計が多いのはどこですか。

   2. アメリカ合衆国

3. 工業がめざましく発展し，わが国の貿易相手国として第3位（2012年）をしめる，となりの国はどこですか。

   3. 韓国
   （大韓民国）

4. 日本は石炭や□□□□などのエネルギー資源や原料を，オーストラリアから半分以上輸入している。

   4. 鉄鉱石

5. 原料や燃料を大量に輸入し，それらをもとに国内の工場でつくった製品を輸出する貿易を何といいますか。

   5. 加工貿易

6. 日本の輸出品の中では□□□類がもっとも多い。

   6. 機械

7. わが国の工業生産に必要な原料やエネルギー資源のうち，金額でもっとも多く輸入しているものは何ですか。

   7. 石油

8. 日本が7.を輸入する相手国の中でもっとも多いのはどこですか。

   8. サウジアラビア

9. わが国がオーストラリアから輸入しているセーターや毛布などの原料は何ですか。

   9. 羊毛

10. 2国間で，一方の国が自国の産業を守るために輸入の制限などを行い，両国が対立することを何といいますか。

    10. 貿易摩擦

パート1 要点チェック編

20 ・第3章・ 日本の工業・資源・貿易
日本の運輸・情報

1 交通の発達(国内輸送の割合など) ★★

- **貨物輸送**…船中心から自動車中心に変化。製品の軽量化で自動車で運べる製品が増える。戸口から戸口へ小型の荷物を運ぶ宅配便のシステムが1980年代から普及する。

貨物輸送

		自動車	
1965年度 1863億トンキロ	鉄道 30.7%	26.0	内航海運 43.3
			航空0.2
2009年度 5236億トンキロ		63.9	32.0
	3.9%		

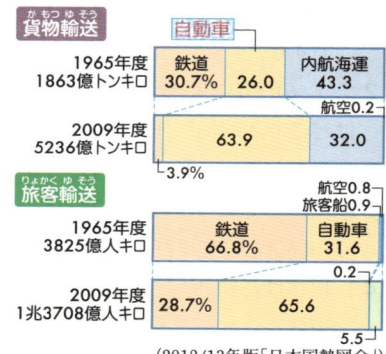

旅客輸送

			航空0.8 旅客船0.9
1965年度 3825億人キロ	鉄道 66.8%		自動車 31.6
			0.2
2009年度 1兆3708億人キロ	28.7%	65.6	
			5.5

(2012/13年版「日本国勢図会」)
▲日本の輸送割合の変化

- **旅客輸送**…鉄道中心から自動車中心に変化。貨物輸送とともに、高速道路の整備、自動車の普及が理由。

▲日本のおもな鉄道・新幹線

（地図中のラベル）秋田新幹線、羽越本線、奥羽本線、函館本線、宗谷本線、山陽新幹線、山陰本線、山形新幹線、上越新幹線、九州新幹線、山陽本線、長野新幹線、北陸本線、東北本線、根室本線、鹿児島本線、常磐線、東北新幹線、日豊本線、紀勢本線、中央本線、東海道新幹線、東海道本線
凡例：おもな鉄道、新幹線

- 東京・大阪・名古屋などの大都市を中心として、新幹線や高速道路、空港の整備が進み、旅客や運輸のスピード化がたいへん進んでいる。

> **くわしく**
> - **トンキロ**…運んだ重さ×運んだきょり
> - **人キロ**…運んだ人数×運んだきょり

| 学習の
ポイント | ● 日本の運輸の特ちょうを知る。
● 産業と情報のつながりを理解する。
● 情報通信の近年の発展を知る。 |

2 さまざまな輸送（自動車・鉄道・航空） ★★

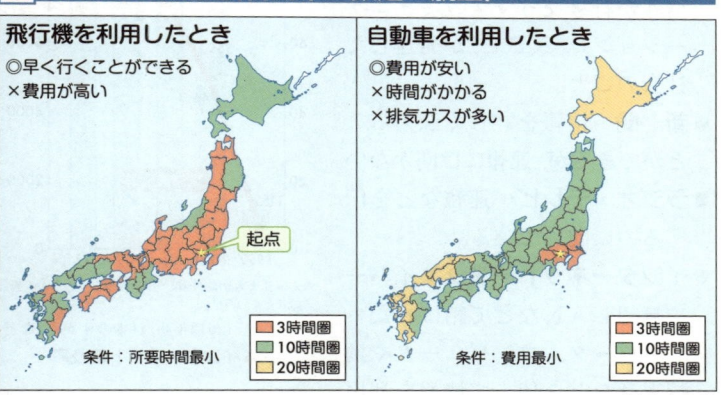

飛行機を利用したとき
◎早く行くことができる
×費用が高い

■ 3時間圏
■ 10時間圏
■ 20時間圏
条件：所要時間最小

自動車を利用したとき
◎費用が安い
×時間がかかる
×排気ガスが多い

■ 3時間圏
■ 10時間圏
■ 20時間圏
条件：費用最小

（国土交通省）

▲交通の違いによる到着時間の違い

- **船**…運ぶ速度は非常に遅いが，一度に大量に運べる。石油や鉄鋼などの輸送に便利。
- **航空機**…船や自動車より，遠い地域へ早く移動することができる。輸送費が高く，重く大きいものの輸送には向かない。
- **自動車**…家庭でも所有しやすい。道路が整備されている場所へ自由にいける。排気ガスによる大気汚染や，二酸化炭素の排出による地球温暖化への心配，交通渋滞の問題がある。
  → 近年は，トラックなどの自動車の荷物を，排気ガスの少ない鉄道などに積みかえるモーダルシフトが進められている。

| ズバリ
答えよう | 1. 近年，貨物輸送と旅客輸送の両方で中心となっている交通手段は何ですか？
2. 速いが輸送費の高い交通手段は何ですか？ |

ズバリ答えようの解答 1. 自動車　2. 航空機

3 情報産業 ★★

❃ 情報化社会

新聞・テレビ・ラジオなどのマスメディアによって、大量の情報が行き交うマスコミュニケーション(マスコミ)が発達した社会のこと。

- **新 聞**…情報を詳しく伝えることができるが、速報には向かない。
- **ラジオ・テレビ**…速報などを伝えるのに向いている。
- **インターネット**…光ファイバーや無線LANなどで結ばれたネットワーク。コンピュータや携帯電話などを使って情報を利用することができる。

※人口普及率とは、国民の中で利用している人の割合のことをいう。

(2013年版「日本のすがた」など)
▲インターネット普及率

❃ 情報化の影響

- **グローバル化**…情報が短時間で行き来するようになり世界が一体化すること。
- **商業の情報化**…価格や商品名などの情報の入ったバーコードを読み取ってコンピュータに送ると、売れた個数や金額、補充する数などがわかる。

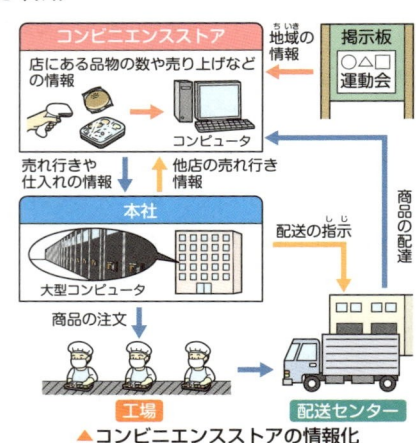

▲コンビニエンスストアの情報化

> **これはたいせつ!** インターネット、携帯電話を運輸に組み合わせることによって、運輸の効率がよくなり、また個別の情報を正確に管理することが可能になった。

チェックテスト

解 答

1. かつては，日本の貨物輸送の中心は何でしたか。

   1. 船

2. かつては，日本の旅客輸送の中心は何でしたか。

   2. 鉄道

3. 現在，貨物輸送でも旅客輸送でもいちばんよく利用されているのは何ですか。

   3. 自動車

4. 小荷物の輸送によく使われている運輸業は何ですか。

   4. 宅配便

5. トラックで運んでいる貨物を，途中で，鉄道や船にのせかえて輸送する方法を何といいますか。

   5. モーダルシフト

6. 価格，商品をつくった国や会社の名前，商品名などの情報を，太さのちがう線で表したものを何といいますか。

   6. バーコード

7. コンビニエンスストアでは，売り上げ情報を本部の□□に送るいっぽうで，そこからほかの店の売れ行き情報を得ている。

   7. コンピュータ

8. 近年では，情報を入手することもでき，移動しながら通話できるものを何といいますか。

   8. 携帯電話

9. 日本では，7.や8.(スマートフォンなどをふくむ)を使って，簡単に情報の入手や発信ができる□□を利用する人が増えてきている。□□にあてはまる語句を書きなさい。

   9. インターネット

10. 情報が短時間で行き来できるようになり，世界が一体化することを何といいますか。

    10. グローバル化

20. 日本の運輸・情報

資料のまとめ 3

●ポイント
- 製鉄所がどういうところに分布しているか考える。
- 鉱産資源の輸入先を必ず覚える。
- 日本がどの国から何を輸入しているかつかむ。

日本の工業と資源・エネルギー

おもな製鉄所

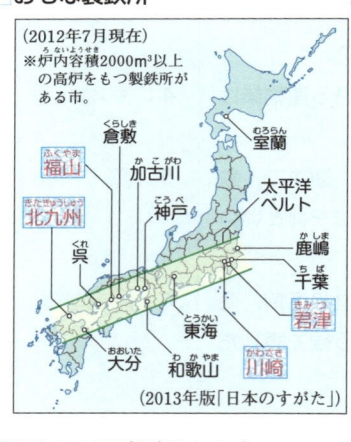

(2012年7月現在)
※炉内容積2000m³以上の高炉をもつ製鉄所がある市。

倉敷、室蘭、福山、加古川、神戸、北九州、鹿嶋、呉、千葉、東海、大分、和歌山、君津、川崎

太平洋ベルト

(2013年版「日本のすがた」)

おもな自動車工場

- 四輪車の組み立て工場
- 二輪車の組み立て工場

(2012年)

(2013年版「日本のすがた」)

おもなIC工場（図中の•）

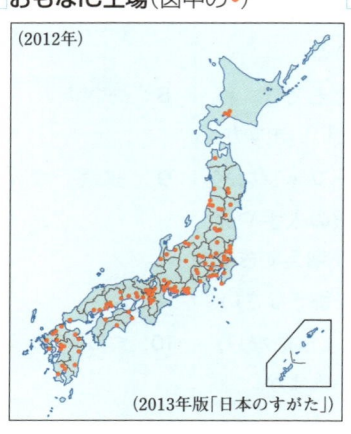

(2012年)

(2013年版「日本のすがた」)

各種工業の都道府県別出荷額割合

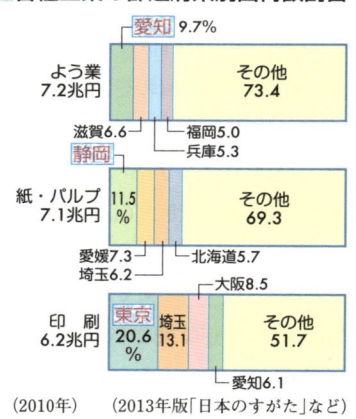

よう業 7.2兆円
- 愛知 9.7%
- 滋賀 6.6
- 福岡 5.0
- 兵庫 5.3
- その他 73.4

紙・パルプ 7.1兆円
- 静岡 11.5%
- 愛媛 7.3
- 埼玉 6.2
- 北海道 5.7
- その他 69.3

印刷 6.2兆円
- 東京 20.6%
- 埼玉 13.1
- 大阪 8.5
- 愛知 6.1
- その他 51.7

(2010年) (2013年版「日本のすがた」など)

日本の各資源の輸入先

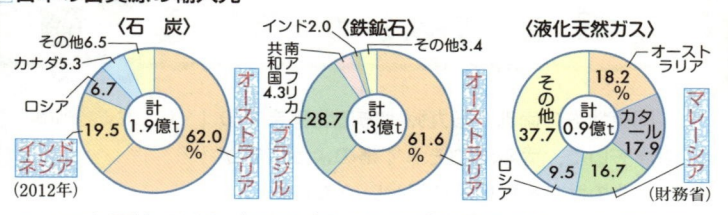

〈石炭〉 計1.9億t (2012年)
- オーストラリア 62.0%
- インドネシア 19.5
- ロシア 6.7
- カナダ 5.3
- その他 6.5

〈鉄鉱石〉 計1.3億t
- オーストラリア 61.6%
- ブラジル 28.7
- 南アフリカ共和国 4.3
- インド 2.0
- その他 3.4

〈液化天然ガス〉 計0.9億t
- オーストラリア 18.2%
- カタール 17.9
- マレーシア 16.7
- ロシア 9.5
- その他 37.7

(財務省)

このほか**原油**は**サウジアラビアやアラブ首長国連邦**など西アジアからの輸入が85%以上をしめる。

日本の貿易・運輸

日本のおもな輸入相手国

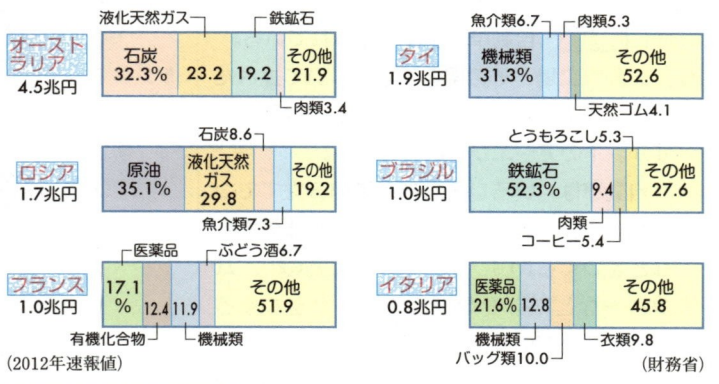

オーストラリア 4.5兆円
- 石炭 32.3%
- 液化天然ガス 23.2
- 鉄鉱石 19.2
- 肉類 3.4
- その他 21.9

タイ 1.9兆円
- 機械類 31.3%
- 魚介類 6.7
- 肉類 5.3
- 天然ゴム 4.1
- その他 52.6

ロシア 1.7兆円
- 原油 35.1%
- 液化天然ガス 29.8
- 石炭 8.6
- 魚介類 7.3
- その他 19.2

ブラジル 1.0兆円
- 鉄鉱石 52.3%
- 9.4
- とうもろこし 5.3
- コーヒー 5.4
- 肉類
- その他 27.6

フランス 1.0兆円
- 医薬品 17.1%
- 有機化合物 12.4
- 機械類 11.9
- ぶどう酒 6.7
- その他 51.9

イタリア 0.8兆円
- 医薬品 21.6%
- 12.8
- バッグ類 10.0
- 機械類
- 衣類 9.8
- その他 45.8

(2012年速報値) (財務省)

日本のおもな高速道路

(2013年3月末)

- 道央自動車道
- 道東自動車道
- 上信越自動車道
- 中国自動車道
- 名神高速道路
- 山陽自動車道
- 北陸自動車道
- 東北自動車道
- 関越自動車道
- 九州自動車道
- 常磐自動車道
- 高知自動車道
- 中央自動車道
- 東名高速道路
- 沖縄自動車道

章末のまとめテスト ③

解答

1. 関東地方の南部から九州地方の北部までの海岸ぞいに,太平洋にそって帯のように広がる工業のさかんな地域を何といいますか。

   1. 太平洋ベルト

2. 三大工業地帯とよばれているのは,京浜工業地帯とあと2つは何という工業地帯ですか。

   2. 中京工業地帯
   阪神工業地帯

3. 三大工業地帯のうち,出荷額がもっとも多い工業地帯はどこですか(2010年現在)。

   3. 中京工業地帯

4. 東海工業地域にある磐田市は,　①　のほかに　②　・自動車の生産で知られている。

   4. ①楽器(ピアノ)
   ②オートバイ

5. 自動車工場とその関連工場について述べた次の文で,①~④にあてはまるものはどれですか。下のア~エから選びなさい。

   自動車は,いろいろな部品を組み立ててつくられる。そのため自動車工業は車体の鋼板などをつくる(①),タイヤをつくる(②),バンパーなどに必要なプラスチックをつくる(③)などと深い関係にある。最近では,自動車のいろいろなところにコンピュータがとり入れられるようになり,(④)とも関係が深くなってきた。

   ア 化学工業　　イ ゴム工業
   ウ 電子工業　　エ 鉄鋼業

   5. ①エ
   ②イ
   ③ア
   ④ウ

6. わが国の輸入品のうち,もっとも金額が多いものは何ですか。

   6. 石油

7. わが国の貿易では,かつて□□□貿易の形が多かったが,最近は製品の輸入が多くなっている。

   7. 加工

94　第3章　日本の工業・資源・貿易

8. 2012年現在，わが国がもっとも多く輸出している貿易相手国はどこですか。

8. 中国(中華人民共和国)

9. 近年，自動車による貨物の輸送量が増えましたが，その原因としてふさわしくないものをア〜エから1つ選びなさい。
    ア 自動車は荷物を手軽に目的地まで配達できるので，人々の便利さを求める願いとうまく合ったから。
    イ 高速自動車道などの道路網が整えられ，遠くの目的地までものを送り届けることができるようになったから。
    ウ トラックターミナルのしくみが発達して，貨物の取りつぎがしやすくなったから。
    エ 自動車は，飛行機や船や鉄道に比べて，軽くて値段の高いものを遠くまで早く運ぶのに適していたから。

9. エ

10. 人々にいろいろなニュースを伝えたり，新しい情報を知らせたりするはたらきをする媒体(手段)を□□□とよんでいる。

10. メディア

11. テレビ・ラジオは情報を提供するだけでなく，何の面で大きな役割を果たしていますか。

11. 娯楽

入試では

次の文は，日本の各工業地帯，工業地域の特ちょうをまとめたものです。あてはまる工業地帯，工業地域名を答えなさい。
① 豊田市や鈴鹿市に大規模な自動車会社や工場があり，四日市市には石油化学コンビナートがある。
② かつては八幡製鉄所と筑豊炭田で発展したが，工業の転換により低迷した。　〔東海大付属浦安中−改〕

解答 ①中京工業地帯　②北九州工業地帯(域)

21 ・第4章・ 日本各地のようす
九州地方

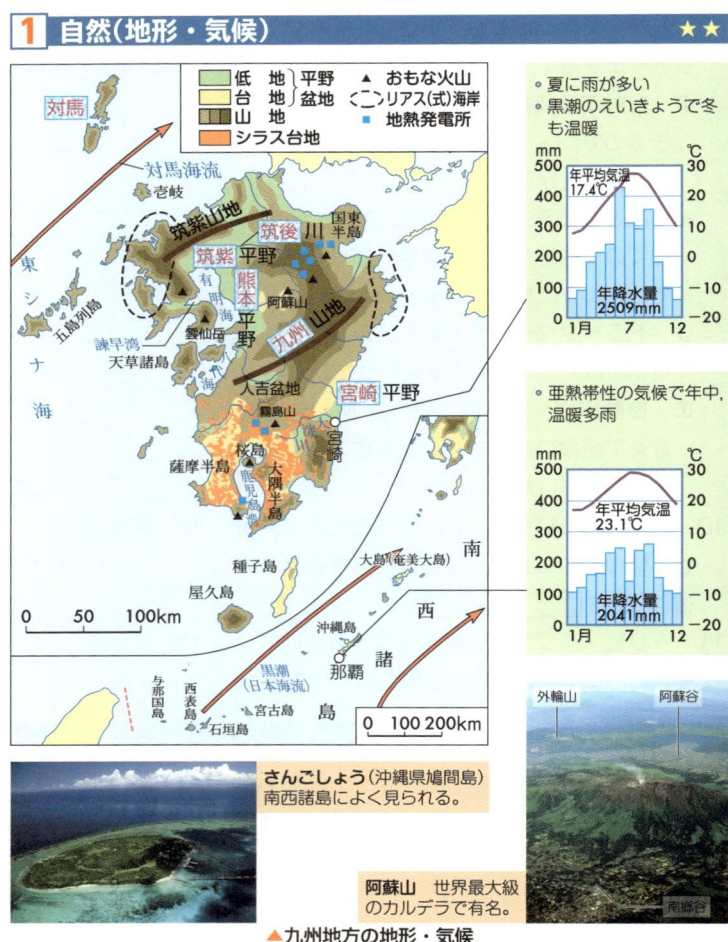

1 自然(地形・気候) ★★

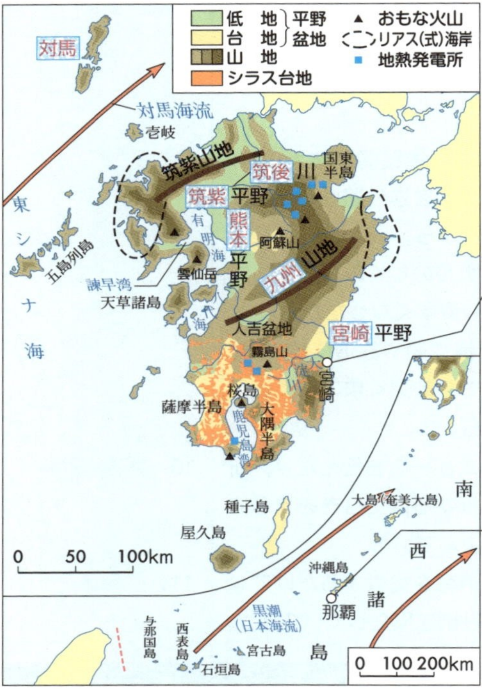
低地
台地
平野
盆地
山地
シラス台地
おもな火山
リアス(式)海岸
地熱発電所
対馬
対馬海流
壱岐
筑紫山地
筑後川
国東半島
筑紫平野
有明海
熊本平野
阿蘇山
九州山地
雲仙岳
諫早湾
天草諸島
五島列島
東シナ海
八代海
人吉盆地
宮崎平野
霧島山
大淀川
宮崎
桜島
薩摩半島
鹿児島湾
大隅半島
種子島
屋久島
0 50 100km
大島(奄美大島)
南西諸島
沖縄島
那覇
黒潮(日本海流)
与那国島
西表島
石垣島
宮古島
0 100 200km

・夏に雨が多い
・黒潮のえいきょうで冬も温暖

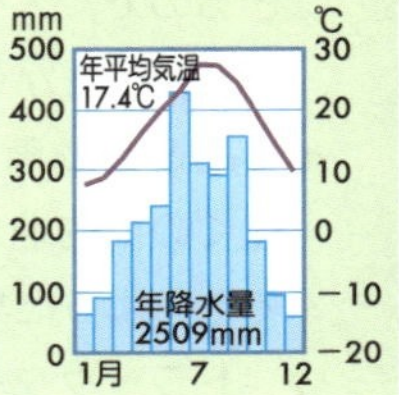
mm
℃
年平均気温 17.4℃
年降水量 2509mm
1月
7
12

・亜熱帯性の気候で年中，温暖多雨

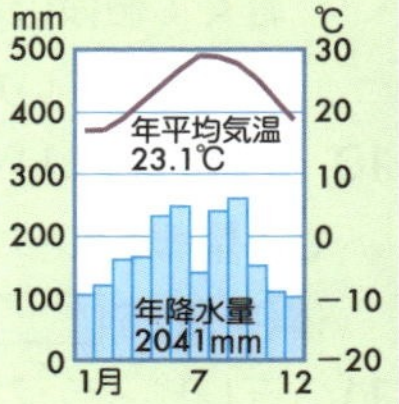
mm
℃
年平均気温 23.1℃
年降水量 2041mm
1月
7
12

さんごしょう(沖縄県鳩間島)
南西諸島によく見られる。

外輪山
阿蘇谷
南郷谷

阿蘇山　世界最大級のカルデラで有名。

▲九州地方の地形・気候

これはたいせつ!　九州南部には，火山灰が積もってできたシラス台地が広がっている。

学習の ポイント	● 九州地方の地形の特ちょうについて理解する。 ● 九州地方の農業について理解する。 ● 九州地方の工業について知る。

2 産業(農業・水産業・工業) ★★★

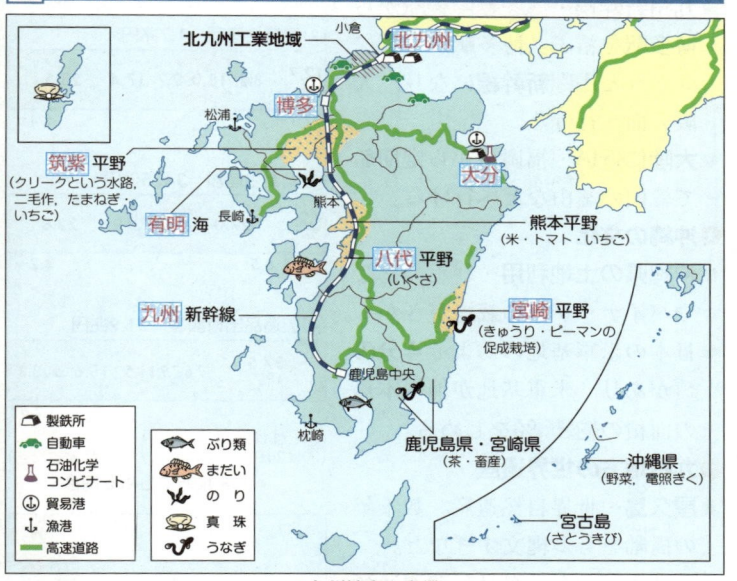

▲九州地方の産業

- **北九州工業地域**…八幡製鉄所を中心に，筑豊炭田の石炭を活用した鉄鋼業で発展したが，石炭の採掘量の減少や輸入の増加などで鉄鋼業が低迷し，自動車などの産業に転換した。
- **シリコンアイランド**…九州はシリコンを主材料とするＩＣ(集積回路)などの電子部品工場が多い。ＩＣは軽くて高価で空輸しても採算があうため，空港周辺や高速道路ぞいに工場が立地。

ズバリ 答えよう	1. 九州の中央を横断する山地を答えられますか？ 2. 水俣病が発生した水俣市は何県ですか？

ズバリ答えようの解答 1. 九州山地　2. 熊本県

3 生活・文化(世界遺産・交通・環境問題・人口など)

✪ 九州の中心・福岡
- **人口や産業**…福岡市は九州の産業などの中心都市。
- **九州新幹線**…**鹿児島中央**駅から**博多**駅を結ぶ。博多駅から東に向かうと**山陽**新幹線になり、大阪方面へ行ける。
- **大陸に近い**…福岡市から定期船で韓国の釜山(プサン)などへ行ける。

✪ 沖縄の文化
- **沖縄県の土地利用**…さとうきびやパイナップルの栽培がさかん。
- 日本の米軍基地のおよそ**4分の3**があり、米軍基地が沖縄本島の面積の**約20%**をしめる。

✪ 九州地方の世界遺産
- **屋久島(やくしま)**…世界自然遺産。数千年の樹齢(じゅれい)をもつ縄文すぎなど。
- **琉球(りゅうきゅう)王国のグスク及び関連遺産群**…2000年登録。首里(しゅり)城やさんごでつくられた城壁などが残る。

✪ 環境問題
- **水俣病(みなまたびょう)**…工場廃水(はいすい)中の水銀をふくんだ魚を食べた人々に深刻な被害(ひがい)。現在の水俣市は**リサイクル**など環境政策が進む。

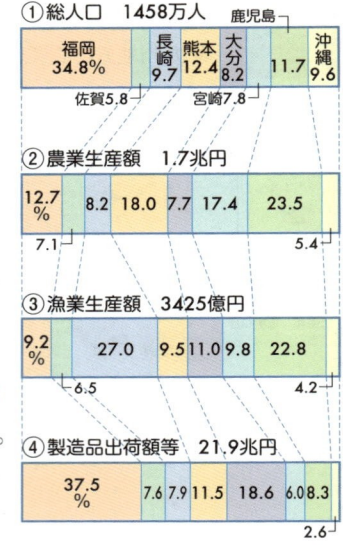

① 総人口　1458万人
| 福岡 34.8% | 佐賀5.8 | 長崎9.7 | 熊本12.4 | 大分8.2 | 宮崎7.8 | 鹿児島11.7 | 沖縄9.6 |

② 農業生産額　1.7兆円
| 12.7% | 7.1 | 8.2 | 18.0 | 7.7 | 17.4 | 23.5 | 5.4 |

③ 漁業生産額　3425億円
| 9.2% | 27.0 | 6.5 | 9.5 | 11.0 | 9.8 | 22.8 | 4.2 |

④ 製造品出荷額等　21.9兆円
| 37.5% | 7.6 | 7.9 | 11.5 | 18.6 | 6.0 | 8.3 | 2.6 |

(①と③は2011年、②と④は2010年)　(総務省など)

▲九州地方にしめる割合

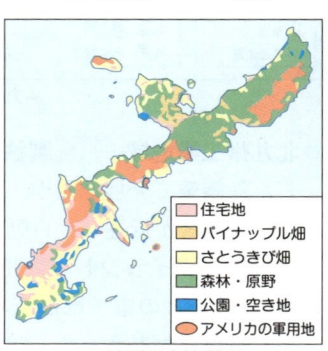

凡例：
- 住宅地
- パイナップル畑
- さとうきび畑
- 森林・原野
- 公園・空き地
- アメリカの軍用地

▲沖縄の土地利用

> **これはたいせつ！** 火山の多い九州では、地熱発電を行っている地域がある。

チェックテスト

解答

1. 佐賀県に広がる平野は何平野ですか。 — 1. 筑紫平野
2. 南西諸島はどのような気候区分に属していますか。 — 2. 亜熱帯性気候
3. 日本一多くの島をもち，原子爆弾が投下されたのは何県ですか。 — 3. 長崎県
4. 鹿児島県から宮崎県南部にかけて広く分布する火山灰土の台地を何といいますか。 — 4. シラス台地
5. 宮崎平野では，温暖な気候を利用して，ピーマン・きゅうりなどの野菜の_____が行われています。_____にあてはまる農業を何といいますか。 — 5. 早づくり（促成栽培）
6. 沖縄県では，暖かい気候を利用してさとうの原料である_____づくりが行われています。_____にあてはまる作物を何といいますか。 — 6. さとうきび
7. 北九州工業地域で現在もっともさかんなのは，何工業ですか。 — 7. 機械工業
8. 九州は，ICなどの電子部品の工場が多いことから何アイランドとよばれますか。 — 8. シリコンアイランド
9. 8.の工場は，高速道路ぞいや何の近くに多く立地していますか。 — 9. 空港
10. 九州地方の中心都市であり，人口が100万人をこえる都市の都市名を答えなさい。 — 10. 福岡市
11. 沖縄県にはアメリカ軍基地があり，沖縄本島の約_____％の面積をしめている。_____にあてはまる数字を答えなさい。 — 11. 20

パート1　要点チェック編

・第4章・　日本各地のようす

22 中国・四国地方

1 自然（地形・気候） ★★★

鳥取砂丘　日本最大級の砂丘。

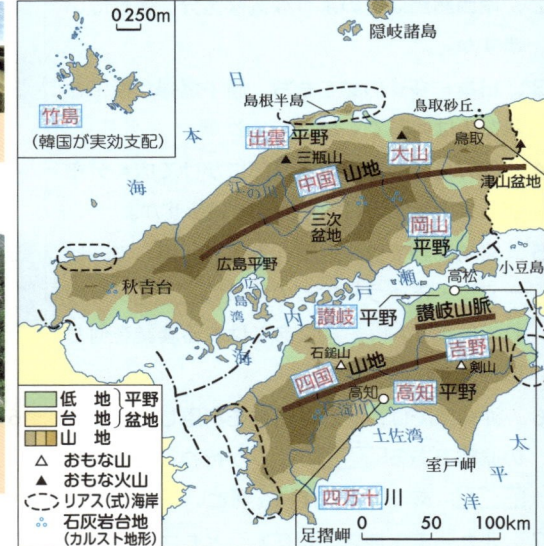

秋吉台　カルスト地形の好例で、秋芳洞がある。

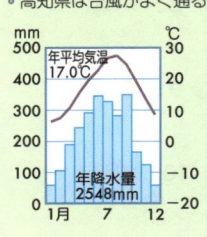

地図中の地名：
- 隠岐諸島
- 島根半島
- 鳥取砂丘
- 竹島（韓国が実効支配）
- 出雲平野
- 三瓶山
- 大山
- 鳥取
- 津山盆地
- 中国山地
- 岡山平野
- 三次盆地
- 広島平野
- 秋吉台
- 高松
- 小豆島
- 讃岐平野
- 讃岐山脈
- 石鎚山
- 吉野川
- 四国山地
- 剣山
- 高知平野
- 高知
- 四万十川
- 土佐湾
- 室戸岬
- 足摺岬
- 太平洋

凡例：
- 低地／平野
- 台地／盆地
- 山地
- △ おもな山
- ▲ おもな火山
- リアス(式)海岸
- 石灰岩台地（カルスト地形）

【高知】
- 夏に雨が多い
- 高知県は台風がよく通る
- 年平均気温 17.0℃
- 年降水量 2548mm

【瀬戸内】
- 瀬戸内海沿岸は1年を通して雨が少ない
- 年平均気温 16.3℃
- 年降水量 1082mm

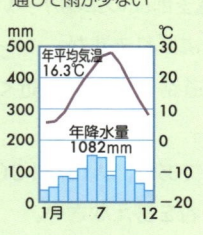

【日本海側】
- 冬は北西季節風のえいきょうで積雪がある
- 年平均気温 14.9℃
- 年降水量 1914mm

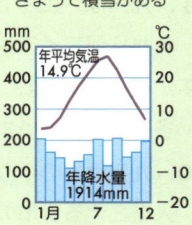

▲中国・四国地方の地形・気候

これはたいせつ！　瀬戸内地方は、夏は南東季節風を四国山地がさえぎり、冬は北西季節風を中国山地がさえぎる。

| 学習の
ポイント | ● 中国・四国地方の自然について知る。
● 中国・四国地方の農業について理解する。
● 中国・四国地方の工業について知る。 |

2 産業（農業・林業・水産業・工業） ★★★

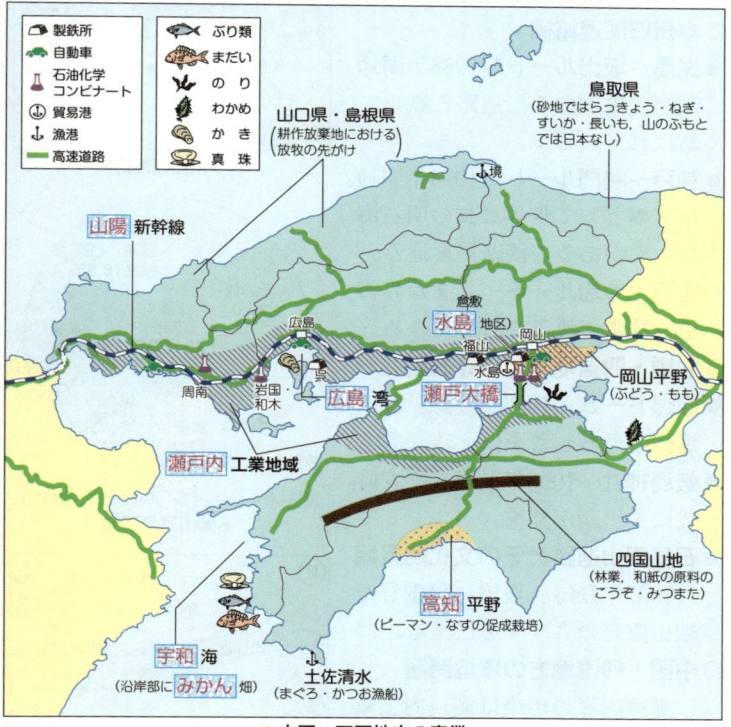

凡例:
- 製鉄所
- 自動車
- 石油化学コンビナート
- 貿易港
- 漁港
- 高速道路
- ぶり類
- まだい
- のり
- わかめ
- かき
- 真珠

山口県・島根県（耕作放棄地における放牧の先がけ）

鳥取県（砂地ではらっきょう・ねぎ・すいか・長いも、山のふもとでは日本なし）

山陽新幹線

倉敷（水島地区）

広島、岩国・和木、周南、呉、福山、岡山、水島、境

広島湾

瀬戸大橋

岡山平野（ぶどう・もも）

瀬戸内工業地域

四国山地（林業、和紙の原料のこうぞ・みつまた）

高知平野（ピーマン・なすの促成栽培）

宇和海（沿岸部にみかん畑）

土佐清水（まぐろ・かつお漁船）

▲中国・四国地方の産業

倉敷の水島地区には、石油化学工業や鉄鋼業のコンビナートがあり、瀬戸内工業地域の中心となっている。

| ズバリ
答えよう | 1. 中国地方の中央に走る山地を答えられますか？
2. 1945年8月6日に原子爆弾が投下された県名を答えられますか？ |

ズバリ答えようの解答 1. 中国山地　2. 広島県

22. 中国・四国地方

3 生活・文化（世界遺産・交通・環境問題・人口など）

🔹中国地方の都市
- **広島市**…中国・四国地方最大の都市。政令指定都市。
- **岡山市**…政令指定都市。

🔹本州四国連絡橋
- **児島～坂出ルート**…1988年開通。瀬戸大橋がある。道路と鉄道で結ばれている。
- **神戸～鳴門ルート**…1998年開通。吊り橋として世界最長の明石海峡大橋がある。淡路島を通る。
- **尾道～今治ルート**…しまなみ海道。徒歩で渡ることができる。

🔹中国・四国地方の世界遺産
- **原爆ドーム**…1996年登録。原子爆弾の恐ろしさを伝える。
- **厳島神社**…1996年登録。平安時代に平清盛が整備。
- **石見銀山遺跡とその文化的景観** 2007年登録。環境に配慮した鉱山開発のようすを伝える。

🔹中国・四国地方の環境問題
瀬戸内海の汚染は瀬戸内工業地域からの排水などが原因で、プランクトンが大量に発生する赤潮がおこり、養殖業などに被害→近年は海の浄化が進む。

▲本州四国連絡橋

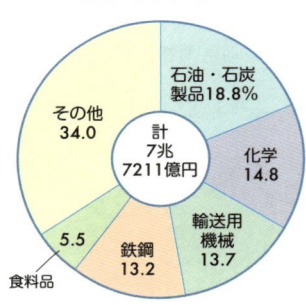

▲岡山県の工業
石油・石炭製品 18.8%／化学 14.8／輸送用機械 13.7／鉄鋼 13.2／食料品 5.5／その他 34.0　計7兆7211億円
（2010年）（2013年版「データでみる県勢」）

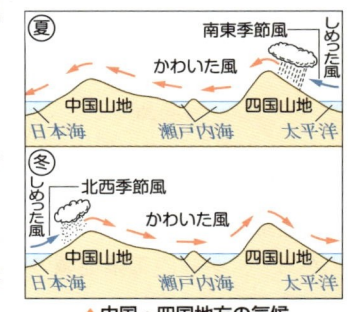

▲中国・四国地方の気候
（夏）南東季節風　しめった風　かわいた風　中国山地／瀬戸内海／四国山地　日本海／太平洋
（冬）北西季節風　しめった風　かわいた風　中国山地／瀬戸内海／四国山地　日本海／太平洋

> **これはたいせつ！** 中国・四国地方では地域によって気候に差があり、気候に適した農産物が生産されている。

チェックテスト

解答

1. 四国の中央部の北東から南西に走る山地を何といいますか。 — 1. 四国山地

2. 日本一面積のせまい県はどこですか。 — 2. 香川県

3. 中国・四国地方の気候区分は，夏に乾燥し，冬に雨が多い（ ① ）の気候と，一年を通して雨が少なく比較的温暖な（ ② ）の気候，そして，夏に雨が多く，冬には乾燥する（ ③ ）の気候の3つに分けることができます。（ ① ）～（ ③ ）にあてはまる気候の名まえを何といいますか。 — 3. ①日本海側 ②瀬戸内 ③太平洋側

4. 瀬戸内海と日本海の両方に面している，中国地方の県はどこですか。 — 4. 山口県

5. みかんの生産がさかんで，タオルの生産もさかんな県はどこですか。 — 5. 愛媛県

6. 高知平野で行われている，冬でも温暖な気候を利用した野菜の栽培のしかたを何といいますか。 — 6. 早づくり（促成栽培）

7. 岡山県で瀬戸内工業地域の中心となる石油化学コンビナートがある地区はどこですか。 — 7. 水島地区

8. 中国・四国地方でただ1つ人口が100万人をこえる都市はどこですか。 — 8. 広島市

9. 広い砂丘があり，日本でもっとも人口の少ない県はどこですか。 — 9. 鳥取県

10. 日本で2番目に人口が少なく，過疎化が進む県はどこですか。 — 10. 島根県

22. 中国・四国地方

パート1　要点チェック編

23 ・第4章・ 日本各地のようす
近 畿 地 方

1 自然（地形・気候） ★★

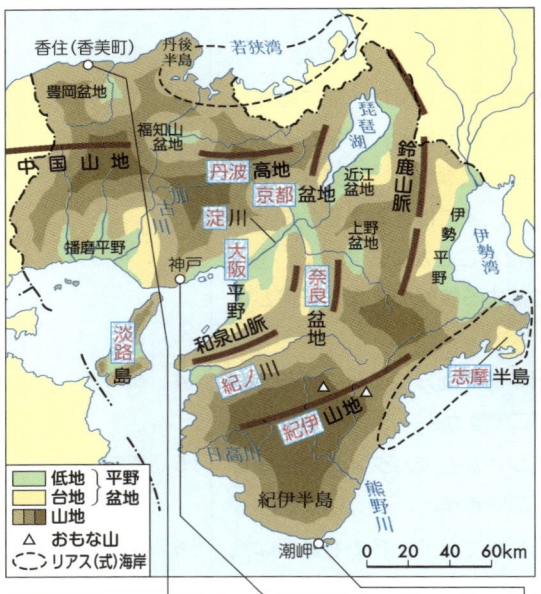

琵琶湖　日本でもっとも広い湖。

志摩半島　リアス（式）海岸が発達。

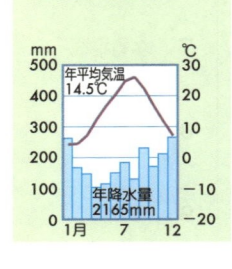

- 冬は雪の日が多い
  - 年平均気温 14.5℃
  - 年降水量 2165mm

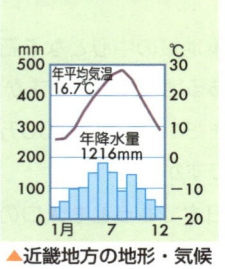

- 温暖で雨が少ない
  - 年平均気温 16.7℃
  - 年降水量 1216mm

- 夏に降水量が多い
- 暖流のえいきょうで冬も温暖
  - 年平均気温 17.2℃
  - 年降水量 2519mm

▲近畿地方の地形・気候

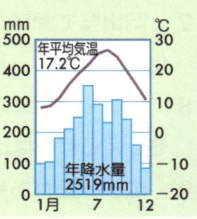

これはたいせつ！　紀伊半島は降水量が多く，尾鷲のひのき，吉野のすぎなど，林業がさかん。

104　第4章　日本各地のようす

学習の ポイント	● 近畿地方の気候の特ちょうについて知る。 ● 近畿地方の工業の特ちょうについて理解する。 ● 近畿地方の歴史について理解する。

2 産業(農業・林業・水産業・工業) ★★★

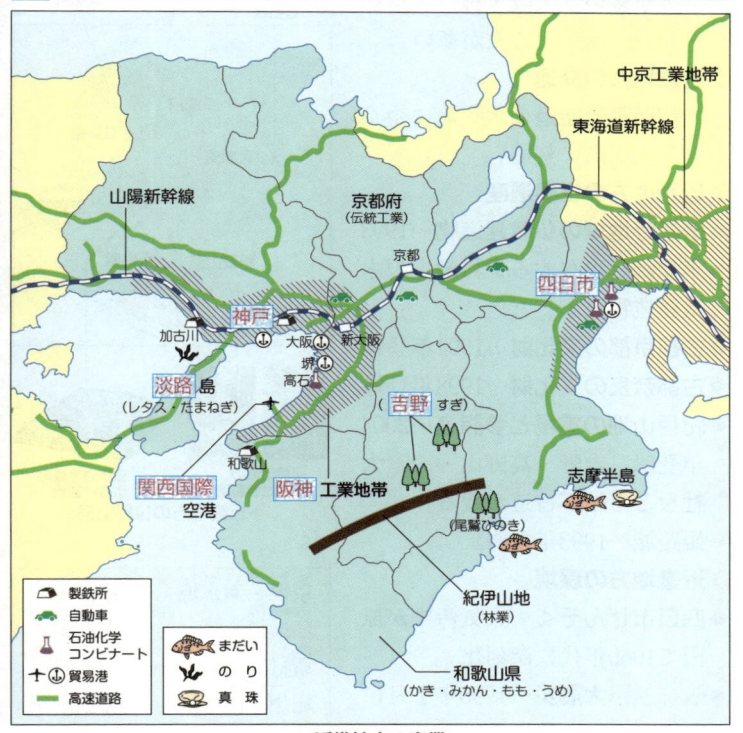

▲近畿地方の産業

阪神工業地帯は、ほかの工業地帯と比べて、**金属工業**や**せんい工業**の割合が高い。**中小工場**が多いのも特ちょう。

> **ズバリ答えよう**
> 1. 紀伊半島の南部を横断する山地を答えられますか?
> 2. 近畿地方に属する2つの府を答えられますか?
> 3. 近畿地方には海のない県がいくつありますか?

ズバリ答えようの解答 1. 紀伊山地 2. 京都府・大阪府 3. 2つ

23. 近畿地方

3 生活・文化（世界遺産・交通・環境問題・人口など） ★★

⭐大阪市とその周辺
卸売業の中心地。東大阪市などには衣服・食料品などの中小工場が多い。大阪・神戸・京都へ通勤・通学する人が多い。

⭐近畿地方の交通
関西国際空港は大阪湾につくった人工島に整備。

⭐近畿地方の世界遺産
- **法隆寺地域の仏教建造物**…1993年登録。現存する世界最古の木造建造物。
- **古都京都の文化財**…1994年登録。
- **古都奈良の文化財**…1998年登録。
- **紀伊山地の霊場と参詣道**…2004年登録。吉野・高野山・熊野大社などを結ぶ古道が残る。
- **姫路城**…1993年登録。

⭐近畿地方の環境
- **四日市ぜんそく**…大気汚染が原因で1960年代に深刻化。
- **阪神淡路大震災**…1995年1月に発生し大きな被害を出す。
- **ナショナルトラスト**…天神崎では環境破壊を防ぐため、市民が土地を買い自然を保護している。

▲近畿地方の世界遺産

伝統工芸	府県
京焼・清水焼	京都府
信楽焼	滋賀県
堺打刃物	大阪府
紀州漆器	和歌山県
高山茶せん	奈良県
播州そろばん	兵庫県
伊賀くみひも	三重県

▲近畿地方のおもな伝統工業

> !これはたいせつ！　三重県は近畿地方にあるが、中部地方の名古屋市との結びつきも強い。

チェックテスト

解答

1. 近畿地方にはいくつの府県がありますか。 | 1. 7つ
2. みかんの生産が日本一（2011年）であるのは何県ですか。 | 2. 和歌山県
3. 近畿地方にある府県には，海に面していない府県があります。すべて答えなさい。 | 3. 滋賀県 奈良県
4. 滋賀県にある日本最大の湖は何ですか。 | 4. 琵琶湖
5. 琵琶湖から出て大阪湾にそそぐ川は何という川ですか。 | 5. 淀川
6. 三重県の志摩半島などで見られる，岬と入り江が交互につらなる出入りの複雑な海岸を何といいますか。 | 6. リアス（式）海岸
7. 志摩半島で養殖がさかんな，装飾などに使われるものは何ですか。 | 7. 真珠
8. 平安京は現在の何市にありましたか。 | 8. 京都市
9. 平城京は現在の何市にありましたか。 | 9. 奈良市
10. 京都市の伝統工業として知られる織物と焼物は何ですか。 | 10. 西陣織 清水焼，京焼
11. 大阪湾沿岸の大阪市・堺市・尼崎市・神戸市などを中心とする工業地帯は何ですか。 | 11. 阪神工業地帯
12. 11.の工業地帯でもっともさかんな工業は何工業ですか。 | 12. 機械工業
13. 大阪府の泉佐野市の沖合に，1994年に開港した国際空港は何ですか。 | 13. 関西国際空港
14. 日本の標準時子午線は明石市を通っていますが，明石市はどの都道府県に属しますか。 | 14. 兵庫県

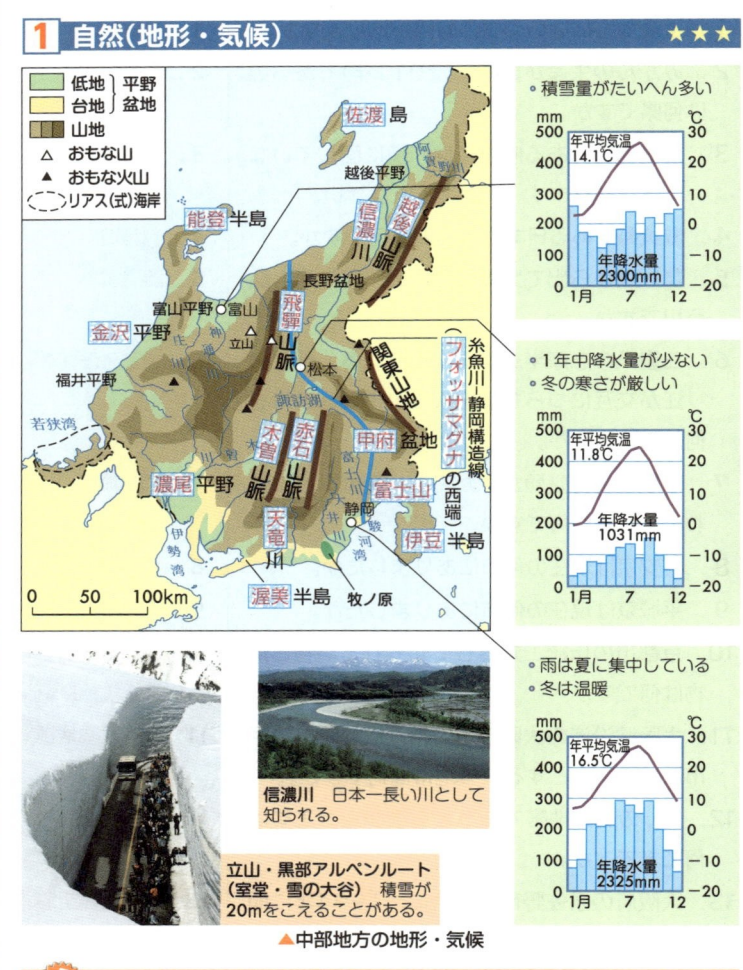

24 ・第4章・ 日本各地のようす 中部地方

1 自然(地形・気候) ★★★

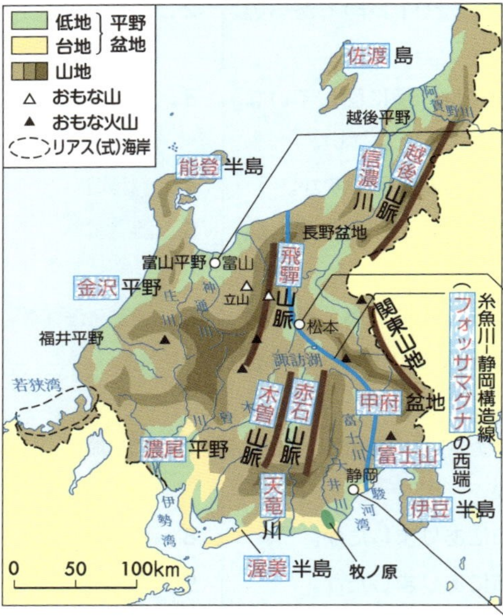

低地
台地
平野
盆地
山地
△ おもな山
▲ おもな火山
リアス(式)海岸
佐渡島
阿賀野川
越後平野
能登半島
信濃川
越後山脈
長野盆地
富山平野
富山
飛驒山脈
金沢平野
神通川
庄川
立山
松本
関東山地
糸魚川－静岡構造線(フォッサマグナの西端)
福井平野
諏訪湖
若狭湾
木曽川
木曽山脈
赤石山脈
甲府盆地
富士川
富士山
濃尾平野
天竜川
大井川
静岡
駿河湾
伊豆半島
伊勢湾
渥美半島
牧ノ原
0 50 100km

- 積雪量がたいへん多い

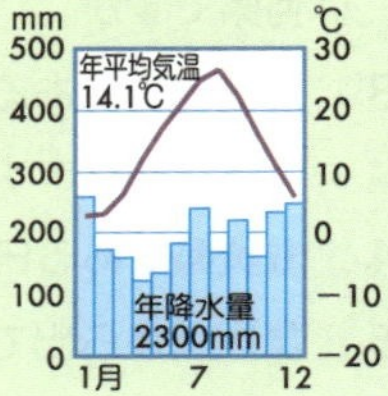

mm
℃
年平均気温 14.1℃
年降水量 2300mm
1月 7 12

- 1年中降水量が少ない
- 冬の寒さが厳しい

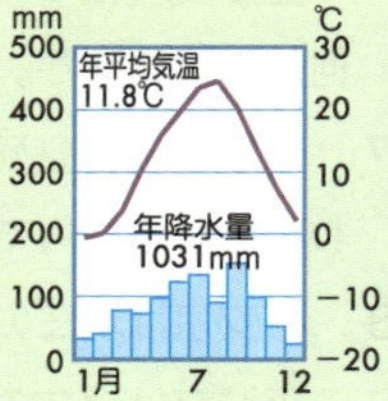

mm
℃
年平均気温 11.8℃
年降水量 1031mm
1月 7 12

- 雨は夏に集中している
- 冬は温暖

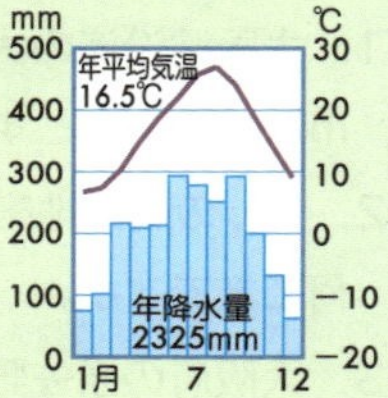

mm
℃
年平均気温 16.5℃
年降水量 2325mm
1月 7 12

立山・黒部アルペンルート(室堂・雪の大谷)　積雪が20mをこえることがある。

信濃川　日本一長い川として知られる。

▲中部地方の地形・気候

これはたいせつ! 中部地方は，太平洋側の東海，内陸の中央高地，日本海側の北陸に分けることができる。

学習の ポイント	● 中部地方の自然について知る。 ● 中部地方の農業の特色について理解する。 ● 中部地方の工業について理解する。

2 産業（農業・水産業・工業） ★★★

▲中部地方の産業

- **中京工業地帯**…日本一の出荷額。日本最大の自動車会社がある豊田を中心にして、鈴鹿や名古屋などに**自動車工業**が発達。
- **東海工業地域**…磐田の楽器・オートバイ。浜松のオートバイ。富士の紙・パルプ。
- **中央高地の工業**…かつて諏訪や岡谷では**製糸工業**がさかん。戦後は、時計・カメラなどの**精密機械工業・電子工業**などが発達。

ズバリ 答えよう	1. 日本アルプスのうち、中央アルプスとよばれる山脈を答えられますか？ 2. 若狭湾の入り組んだ海岸地形を答えられますか？

ズバリ答えようの解答 1. 木曽山脈　2. リアス(式)海岸

24. 中部地方

3 生活・文化(世界遺産・交通・環境問題・人口など) ★

✪名古屋市
尾張徳川氏の城下町から発達。中部地方の中心都市。

✪中部地方の交通
- **新幹線**…東海道新幹線・上越新幹線・長野新幹線が通り、それぞれ東京と結ばれている。
- **高速道路**…東名高速道路・第二東名高速道路・名神高速道路、中央自動車道・北陸自動車道、東海北陸自動車道が通る。

✪中部地方の世界遺産
白川郷・五箇山の合掌造り集落は1995年登録。雪が積もりにくくするために、急斜面にした屋根が特徴的。

✪中部地方の環境
- **イタイイタイ病**…水質汚濁が原因。富山県の神通川流域で1960年代に深刻化。
- **新潟水俣病**…水質汚濁が原因。新潟県の阿賀野川流域で1960年代に深刻化。
- **地　震**…2004年10月に新潟県中越地震、2007年に能登半島地震と新潟県中越沖地震が発生。

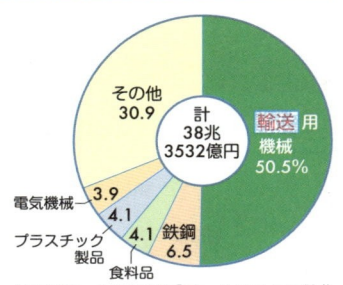

▲愛知県の工業
（2010年）（2013年版「データでみる県勢」）
計 38兆3532億円
輸送用機械 50.5%
その他 30.9
電気機械 3.9
プラスチック製品 4.1
食料品 4.1
鉄鋼 6.5

▲東海地方

▲白川郷

!これはたいせつ！　愛知県は、中京工業地帯の中心であるほか、消費地の利点を生かした野菜の生産や畜産がさかん。

チェックテスト

解 答

1. 地図中①・②の山脈名を答えなさい。
2. 地図中③の川の名まえを答えなさい。
3. 2.の川の下流に広がる平野は何平野ですか。
4. 地図中A・Bの都市名を答えなさい(A・Bは県庁所在地)。
5. 長野県の高地はどの気候区分ですか。
6. ぶどう・ももなどの果樹栽培がさかんなところは，山梨県の何盆地ですか。
7. 高原野菜の栽培がさかんで，りんご，レタス，はくさいの生産が多い県は何県ですか。
8. 静岡県にあり，漁かく高が全国有数の漁港はどこですか。
9. 中部地方にあって，日本一の出荷額をほこる工業地帯はどこですか。
10. ピアノやオートバイの生産がさかんな，天竜川の東にある都市の名まえを答えなさい。
11. 中央高地で精密機械工業のさかんな都市を2つ答えなさい。
12. 11.の都市でかつてさかんだった工業は何工業ですか。
13. 愛知県で自動車産業の中心となる都市はどこですか。

---

1. ①飛驒山脈
   ②赤石山脈
2. 信濃川
3. 越後平野
4. A－名古屋市
   B－金沢市
5. 内陸性の気候
6. 甲府盆地
7. 長野県
8. 焼津港
9. 中京工業地帯
10. 磐田市
11. 諏訪市
    岡谷市
12. 製糸業
13. 豊田市

パート1　要点チェック編

25 ・第4章・ 日本各地のようす
関 東 地 方

1 自然（地形・気候） ★★

河岸段丘 利根川支流の片品川（写真）が好例。
提供：群馬大学

- 冬は「からっ風」というかわいた北西季節風がふくため，かんそうする。

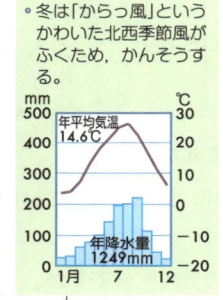

年平均気温 14.6℃
年降水量 1249mm

- 春から秋にかけて降水量が多い。

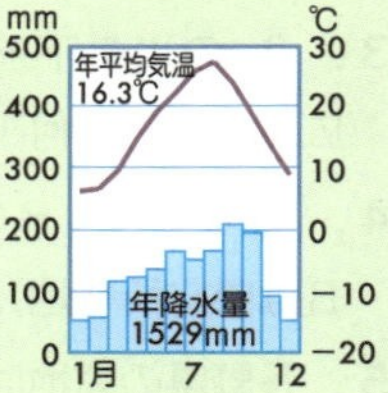

年平均気温 16.3℃
年降水量 1529mm

かしぐね 強い北西季節風を防ぐ垣（前橋市）。

利根川 日本一流域面積が広い川として知られる。

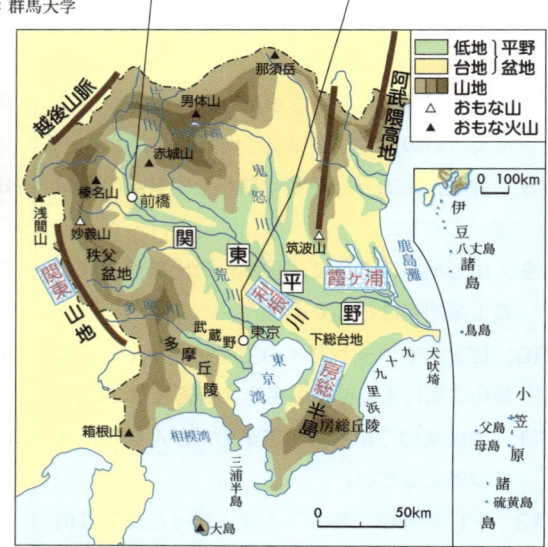

▲関東地方の地形・気候

> **これはたいせつ！** 関東地方には日本の全人口の約3分の1の人人が生活している。

112　第4章　日本各地のようす

学習の ポイント	● 関東地方の地形の特ちょうについて理解する。 ● 関東地方の農業について理解する。 ● 関東地方の臨海部と内陸部の工業について知る。

2 産業(農業・水産業・工業) ★★★

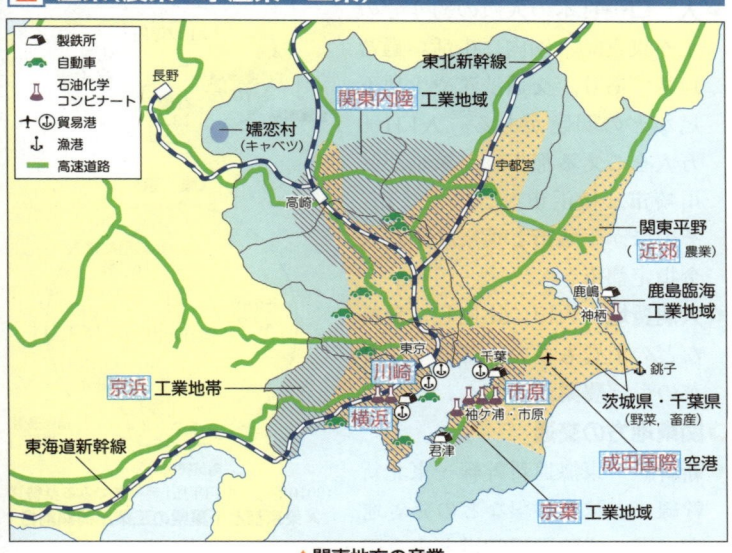

▲関東地方の産業

- **京浜工業地帯**…機械工業がさかんで、出版社が多いためほかの工業地帯より**印刷業**がさかん。
- **京葉工業地域**…東京湾岸に石油化学コンビナートが広がる。
- **関東内陸工業地域**…京浜工業地帯が過密になったため内陸に広がった。機械工業(自動車・電子部品)、食料品工業がさかん。
- **鹿島臨海工業地域**…**掘り込み式**の港がある。鉄鋼業・化学工業。

ズバリ 答えよう	1. 群馬県の県庁所在地を答えられますか？ 2. 掘り込み式の港を利用した、茨城県に広がる工業地域を答えられますか？

ズバリ答えようの解答 1. 前橋市 2. 鹿島臨海工業地域

3 生活・文化(世界遺産・交通・環境問題・人口など)

❂ 関東地方の生活

- **東京圏**…情報の発信地。出版社が多く,印刷業がさかん。
- **人口**…日本の人口の約4分の1が東京50km圏内に生活。過密地帯であり,交通渋滞や土地不足などの問題がある。人口100万人をこえる都市は,東京23区,川崎市,横浜市,さいたま市。そのほか千葉市と相模原市が政令指定都市。
- **大消費地**…人口に比例して食料などの消費も多い。郊外では野菜の近郊農業がさかん。

❂ 関東地方の交通

- **新幹線**…東海道新幹線・東北新幹線・上越新幹線などの発着地。
- **空港**…成田国際空港と東京国際空港(羽田空港)。
- **港**…横浜港・東京港・鹿島港。

❂ 関東地方の世界遺産

- **日光の社寺**…1999年登録。徳川家康を祀った日光東照宮など。
- **小笠原諸島**…2011年登録。独自の生態系をもつ自然。父島・母島など。

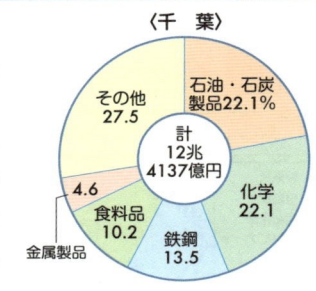

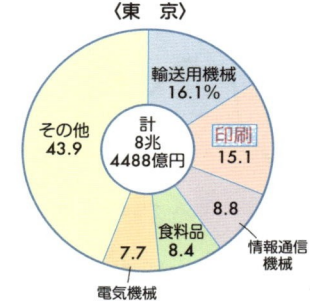

〈千葉〉
計 12兆4137億円
- 石油・石炭製品 22.1%
- 化学 22.1
- 鉄鋼 13.5
- 食料品 10.2
- 金属製品 4.6
- その他 27.5

〈東京〉
計 8兆4488億円
- 輸送用機械 16.1%
- 印刷 15.1
- 情報通信機械 8.8
- 食料品 8.4
- 電気機械 7.7
- その他 43.9

(2010年) (2013年版「データでみる県勢」)
▲東京都と千葉県の工業出荷額割合

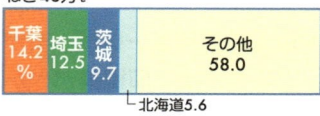

ねぎ 48万t
| 千葉 14.2% | 埼玉 12.5 | 茨城 9.7 | 北海道 5.6 | その他 58.0 |

ほうれんそう 26万t
| 千葉 14.7% | 埼玉 11.8 | 群馬 7.9 | 宮崎 6.0 | その他 59.6 |

(2010年) (2013年版「日本のすがた」)
▲関東地方の野菜の生産

> **これはたいせつ!** 関東地方には,人口が集中している。工業も農業もさかんな地域である。

チェックテスト

解答

1. 関東地方に広がる日本最大の平野を何といいますか。
   1. 関東平野

2. 1.の平野を流れる，千葉県と茨城県の境となる川は何といいますか。
   2. 利根川

3. 冬，関東地方に北西からふく乾燥した冷たい風は，特に何とよばれていますか。
   3. からっ風

4. 東京都の周辺の県など大都市の周辺で行われる，都市向けに農産物を出荷する農業のことを何といいますか。
   4. 近郊農業

5. 関東地方には東京23区のほかに人口100万人以上の都市が3つあります。その3つはそれぞれ何市ですか。
   5. 横浜市
      川崎市
      さいたま市

6. 5.の人口100万人以上の都市の中で，もっとも面積が小さく，化学工業・鉄鋼業・機械工業などがさかんな都市はどこですか。
   6. 川崎市

7. ほかの工業地帯と比べて，京浜工業地帯の特色となっている工業は何ですか。
   7. 印刷業

8. 千葉県の東京湾沿岸の市川市から君津市にかけて発達した工業地域は何とよばれますか。
   8. 京葉工業地域

9. 埼玉，群馬，栃木県を中心に内陸部に広がる工業地域を何といいますか。
   9. 関東内陸工業地域

10. 千葉県北西部のしょうゆ生産で有名な都市はどこですか。
    10. 野田市

11. 群馬県の嬬恋村で，夏のすずしい気候を利用して栽培がさかんな野菜は何ですか。
    11. キャベツ

25. 関東地方

パート1　要点チェック編

・第4章・ 日本各地のようす
26 東北地方・北海道地方

1 自然（地形・気候） ★★

凡例：
- 低地／平野
- 台地／盆地
- 山地
- ▲ おもな火山
- リアス（式）海岸

地名：
- オホーツク海
- 天塩山地、北見山地、上川盆地、大雪山、十勝岳、石狩川、石狩平野、札幌、洞爺湖、日高山脈、釧路平野、根釧台地、十勝平野、襟裳岬
- 知床半島、国後島、択捉島、色丹島、歯舞群島、根室半島
- 日本海、太平洋
- 親潮（千島海流）
- 津軽平野、十和田湖、秋田、秋田平野、奥羽山脈、北上高地、横手盆地、北上盆地、三陸海岸、庄内平野、仙台平野、仙台、山形盆地、福島盆地、阿武隈川、阿武隈高地、猪苗代湖

【北海道の気候（上のグラフ）】
- 夏の降水量が少ない
- 冬の寒さがとくに厳しい
- 年平均気温 8.9℃
- 年降水量 1107mm

【三陸海岸側の気候】
- 降水量は夏から秋にかけて多い
- 年平均気温 12.4℃
- 年降水量 1254mm

【日本海側の気候】
- 1月・2月の平均気温は0度近くまで下がる
- 年平均気温 11.7℃
- 年降水量 1686mm

▲東北地方・北海道地方の地形・気候

これはたいせつ！ 三陸海岸の中部から南部にかけての地域はリアス（式）海岸がつらなっている。

学習の ポイント	● 東北地方の農業について知る。 ● 北海道地方の農業について理解する。 ● 東北・北海道地方の漁業について理解する。

2 産業（農業・水産業・工業） ★★★

凡例：
- 製鉄所
- 漁港
- 高速道路

▲大館曲げわっぱ

▲南部鉄器

地図中の地名：
- 稚内
- 紋別
- 網走（さけ・ます）
- 羅臼（さけ・ます）
- 上川盆地（米）
- 石狩平野（米）
- 根室
- 釧路
- 根釧台地（乳牛）
- 内浦湾
- 室蘭
- 十勝平野（畑作, 乳牛・肉牛）
- 津軽平野（りんご）
- 陸奥湾
- 新青森
- 八戸
- 秋田県（大館曲げわっぱ）
- 東北新幹線
- 秋田新幹線
- 秋田
- 盛岡
- 岩手県（南部鉄器）
- 三陸海岸
- 横手盆地（米）
- 大船渡
- 気仙沼（かつお）
- 女川
- 新庄
- 山形新幹線
- 石巻（かつお）
- 山形盆地（ぶどう・もも・おうとう・西洋なし）
- 仙台
- 仙台平野（米）
- 福島盆地（もも）

凡例（海産物）：
- のり
- わかめ
- こんぶ
- ほたて貝
- かき

▲東北地方・北海道地方の産業

ズバリ 答えよう	1. 東北地方で県名と県庁所在地名が異なる2県を答えられますか？ 2. 東北地方の中央につらなる山脈を何といいますか？

ズバリ答えようの解答 1. 岩手県・宮城県　2. 奥羽山脈

26. 東北地方・北海道地方

3 生活・文化(世界遺産・交通・環境問題・人口など) ★★

◎ 東北・北海道地方の都市
- 仙台市…東北地方の中心。伊達政宗の城下町から発展。
- 札幌市…北海道地方の中心。屯田兵の入植地から発展。

◎ 東北・北海道地方の交通
- 青函トンネル…1988年開通。北海道と東北を鉄道で結ぶ。
- 新幹線…東北新幹線, 山形新幹線, 秋田新幹線。
- 高速道路…東北自動車道, 山形自動車道, 秋田自動車道。

◎ 東北・北海道地方の祭り
- ねぶた祭…青森県。
- 竿燈祭…秋田県。
- 七夕祭り…宮城県。
- 花笠祭り…山形県。

◎ 東北・北海道地方の世界遺産
- 知床…2005年登録。貴重な生態系が守られている。
- 平泉―仏国土(浄土)を表す建築・庭園及び考古学的遺跡群―
  2011年登録。奥州藤原氏が整備した寺院跡や中尊寺金色堂などがある。
- 白神山地…1993年登録。ぶなの原生林が広がる。

▲東北地方の交通

津軽塗	青森県
南部鉄器	岩手県
大館曲げわっぱ	秋田県
天童将棋駒	山形県
置賜つむぎ	山形県
宮城伝統こけし	宮城県
会津塗	福島県

▲東北地方のおもな伝統工業

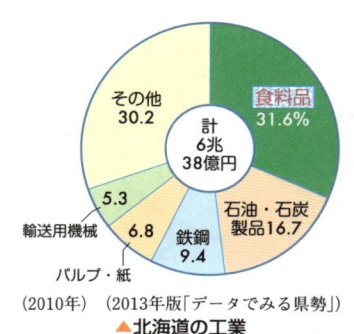

計6兆38億円
- 食料品 31.6%
- 石油・石炭製品 16.7
- 鉄鋼 9.4
- パルプ・紙 6.8
- 輸送用機械 5.3
- その他 30.2

(2010年) (2013年版「データでみる県勢」)
▲北海道の工業

> **これはたいせつ!** 東北地方は稲作, 漁業がさかん。北海道はそれに加えて大規模な農地を利用した酪農もさかん。

チェックテスト

解 答

1. 東北地方を南北に背骨のようにつらなる山脈を何といいますか。 — 1. 奥羽山脈
2. 夏の農作物の成長期に気温が上がらず、農作物が不作となる自然災害のことを何といいますか。 — 2. 冷害
3. 2.をもたらす原因となる、初夏の頃、東北地方の太平洋側にふく北東の風を何といいますか。 — 3. やませ
4. 津軽平野で栽培がさかんな果物は何ですか。 — 4. りんご
5. 山形盆地で栽培がさかんな、おうとうともいう果物は何ですか。 — 5. さくらんぼ
6. 山形県の稲作がさかんな平野は何ですか。 — 6. 庄内平野
7. 北海道で稲作がさかんな平野を何といいますか。 — 7. 石狩平野
8. 東北地方の三陸沖では、暖流と寒流が出合います。その境目を何といいますか。 — 8. 潮目
9. 東北地方で中心的な役割を果たしている政令指定都市は何市ですか。 — 9. 仙台市
10. 北海道東部にある、北海道最大の漁港はどこですか。 — 10. 釧路港
11. 日本では北海道で多くみられる、沼地や低湿地の植物が分解不十分なままに積み重なってできた、農業に適さない土地のことを何といいますか。 — 11. 泥炭地
12. 北海道の道庁所在地で、ビール・乳製品など食料品工業のさかんな都市は何市ですか。 — 12. 札幌市

26. 東北地方・北海道地方

資料のまとめ 4

●ポイント
- 各都道府県の就業者割合の特ちょうをつかむ。
- 在日外国人は、大都市や工業がさかんな地域に多い。
- 過疎地域は、山間部や離島に多い。

地図でみるさまざまな日本

第一次産業就業者割合

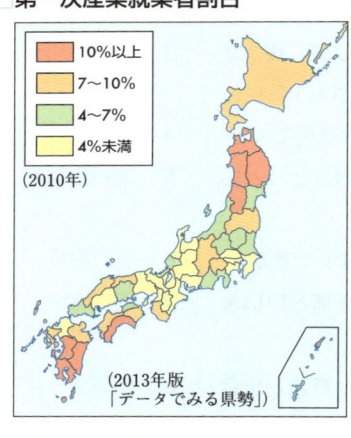

- 10%以上
- 7～10%
- 4～7%
- 4%未満

(2010年)

(2013年版「データでみる県勢」)

第二次産業就業者割合

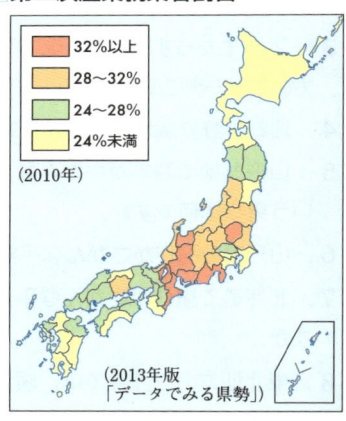

- 32%以上
- 28～32%
- 24～28%
- 24%未満

(2010年)

(2013年版「データでみる県勢」)

第三次産業就業者割合

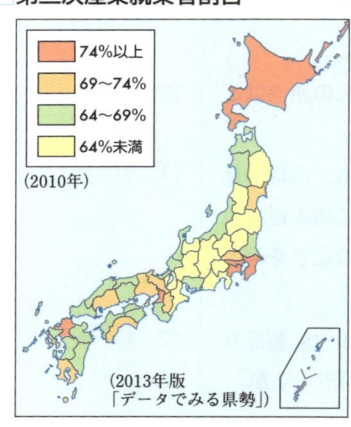

- 74%以上
- 69～74%
- 64～69%
- 64%未満

(2010年)

(2013年版「データでみる県勢」)

在日外国人数

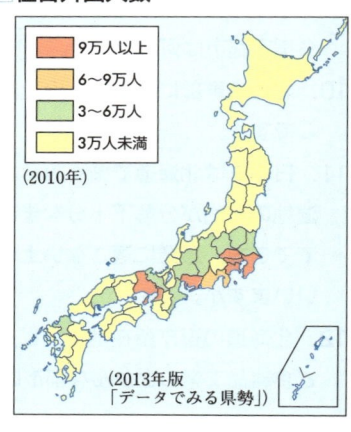

- 9万人以上
- 6～9万人
- 3～6万人
- 3万人未満

(2010年)

(2013年版「データでみる県勢」)

水田率※

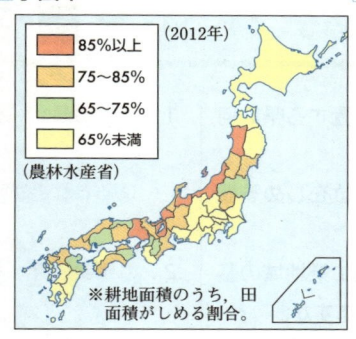

(2012年)
- 85%以上
- 75～85%
- 65～75%
- 65%未満

(農林水産省)

※耕地面積のうち、田面積がしめる割合。

工業出荷額

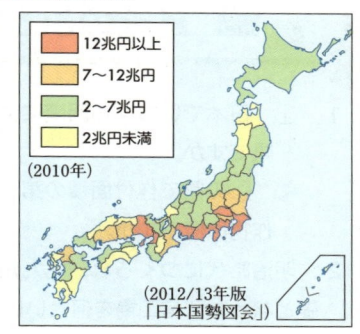

- 12兆円以上
- 7～12兆円
- 2～7兆円
- 2兆円未満

(2010年)

(2012/13年版「日本国勢図会」)

小売業年間商品販売額

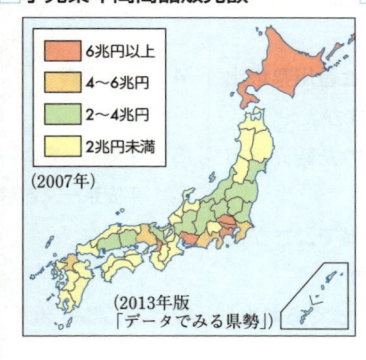

- 6兆円以上
- 4～6兆円
- 2～4兆円
- 2兆円未満

(2007年)

(2013年版「データでみる県勢」)

65歳以上の人口の割合

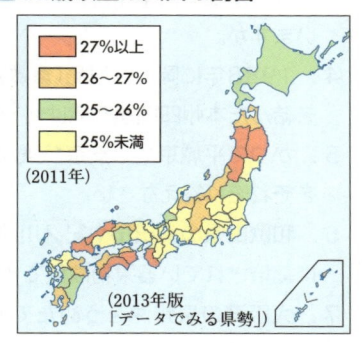

- 27%以上
- 26～27%
- 25～26%
- 25%未満

(2011年)

(2013年版「データでみる県勢」)

全国の過疎地域

- 過疎地域

(全国過疎地域自立促進連盟)

林野率※

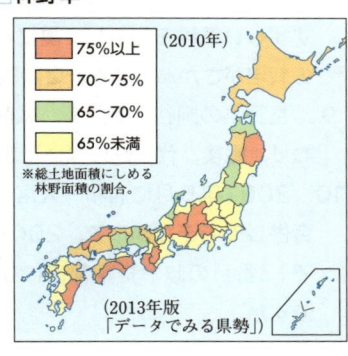

(2010年)
- 75%以上
- 70～75%
- 65～70%
- 65%未満

※総土地面積にしめる林野面積の割合。

(2013年版「データでみる県勢」)

第4章 日本各地のようす

章末のまとめテスト ④

解 答

1. ① 日本でいちばん西南に位置する県は何県ですか。
   ② ①の県で作付面積の第1位をしめる農作物は何ですか。

2. 明治時代につくられ，北九州工業地域の基礎となった官営工場を何といいますか。

3. 岡山県にある石油化学コンビナートや製鉄所などが建つ倉敷市南部の工業地区を何といいますか。

4. 1988年に岡山県児島(倉敷)と香川県坂出を結んだ本州四国連絡橋は何ですか。

5. かつて平城京や平安京が置かれた観光都市をそれぞれ答えなさい。

6. 和歌山県の有田川や紀ノ川流域で，さかんに栽培されている果物は何ですか。

7. 大阪湾の泉州沖をうめたててつくられた，24時間離着陸が可能な空港名を答えなさい。

8. 中央高地の八ヶ岳や浅間山の山ろくでは，すずしい気候を生かして夏にどのような野菜の栽培がさかんですか。2つ答えなさい。

9. 長野県の岡谷や諏訪で，戦前の製糸業に代わり，戦後，代表的になった工業は何ですか。

10. 2001年5月に浦和・大宮・与野の3市が合併してできた都市で，2003年4月に全国で13番目の政令指定都市になったのは何市ですか。

---

1. ①沖縄県

   ②さとうきび

2. 八幡製鉄所

3. 水島(地区)

4. 瀬戸大橋

5. 平城京一奈良市
   平安京一京都市

6. みかん

7. 関西国際空港

8. はくさい・レタス(キャベツ)

9. 精密機械工業

10. さいたま市

第4章 日本各地のようす

11. 関東地方の東京都以外の人口100万人以上の都市の中で，最も人口が多い都市はどこですか。都市名を答えなさい。

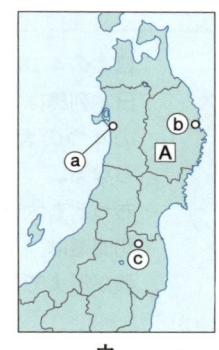

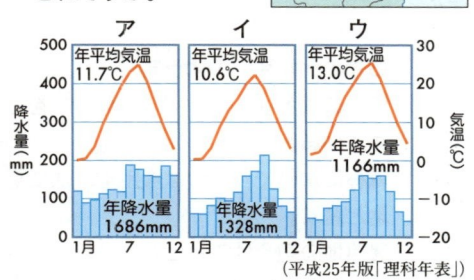

11. 横浜市

12. 右の地図を見て答えなさい。
   ① Aの県名を答えなさい。
   ② 下のグラフは，地図中のⓐ～ⓒの都市の気温と降水量を示したものです。グラフのア～ウのうち，ⓐの都市のグラフはどれですか。

12. ①岩手県

②ア

ア
年平均気温 11.7℃
年降水量 1686mm

イ
年平均気温 10.6℃
年降水量 1328mm

ウ
年平均気温 13.0℃
年降水量 1166mm

(平成25年版「理科年表」)

入試では

野菜生産量の都道府県別順位をみて，Aにあてはまる野菜の名を書きなさい。

品 目	1位	2位	3位
A	栃木県	福岡県	熊本県
きゅうり	宮崎県	群馬県	埼玉県
ねぎ	千葉県	埼玉県	茨城県
トマト	熊本県	北海道	愛知県

(2013年版「日本のすがた」など)

解答　いちご

〔中央大横浜山手中－改〕

第4章　日本各地のようす

入試サポート❶ 統計資料（日本の国土）

●アドバイス
日本の国土の特ちょうや気候の違いをグラフから読み取る。

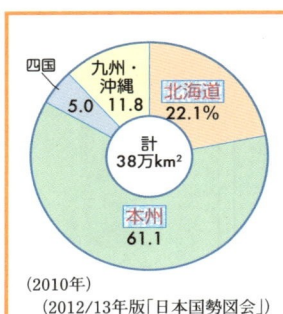

円グラフ（計38万km²）
- 北海道 22.1%
- 本州 61.1
- 四国 5.0
- 九州・沖縄 11.8

(2010年)
(2012/13年版「日本国勢図会」)

□日本の4つの大きな島
- 日本列島は北海道，本州，四国，九州の4つの大きな島とその他の島々からなる。
- もっとも大きな島は本州である。
- 北海道は，1つの都道府県としては面積が最大である。

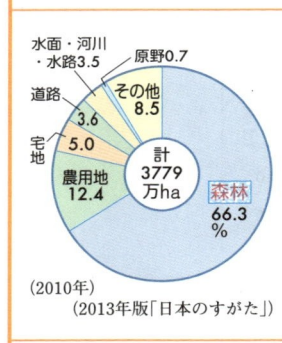

円グラフ（計3779万ha）
- 森林 66.3%
- 農用地 12.4
- 宅地 5.0
- 道路 3.6
- 水面・河川・水路 3.5
- 原野 0.7
- その他 8.5

(2010年)
(2013年版「日本のすがた」)

□日本の土地利用のようす
- 日本の国土は，森林が約3分の2をしめている。
- 森林に次いで多いのは農用地，次に宅地と続く。
- 農用地の割合は年とともに減少し，宅地の割合は増加している。

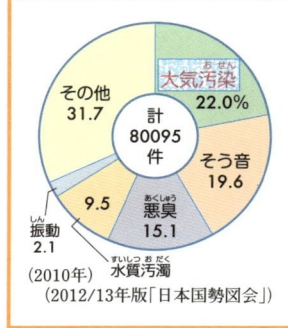

円グラフ（計80095件）
- 大気汚染 22.0%
- そう音 19.6
- 悪臭 15.1
- 水質汚濁 9.5
- 振動 2.1
- その他 31.7

(2010年)
(2012/13年版「日本国勢図会」)

□公害の種類
- 大気汚染，そう音，悪臭，水質汚濁，振動，土壌汚染，地盤沈下を典型7公害という。
- もっとも苦情が多いのは大気汚染で，典型7公害以外で多いのは廃棄物投棄である。

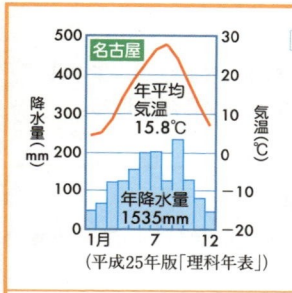

太平洋側の気候

- 黒潮(日本海流)のえいきょうで温暖な地域が多い。
- 初夏からは梅雨のえいきょう、夏から秋にかけては、台風の通り道となることが多いため、夏に降水量が多い。

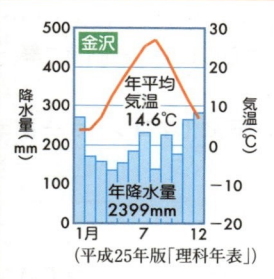

名古屋 年平均気温 15.8℃ 年降水量 1535mm
(平成25年版「理科年表」)

日本海側の気候

- 冬は、北西の季節風が日本海で水分を得て、雪として降るため、冬の降水量が多い。
- 上越・富山・金沢・敦賀が典型的な日本海側の気候である。

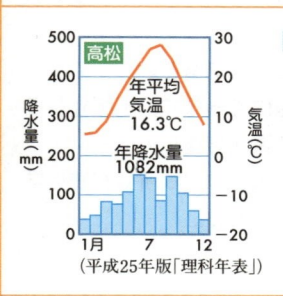

金沢 年平均気温 14.6℃ 年降水量 2399mm
(平成25年版「理科年表」)

瀬戸内の気候

- 1年を通して比較的温暖な気候ということができる。
- 1年を通して降水量が少なく、みかんなどの果物の栽培などに適した気候である。

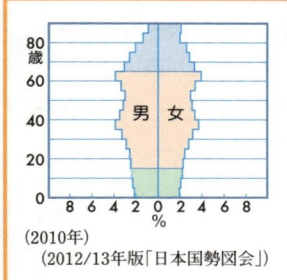

高松 年平均気温 16.3℃ 年降水量 1082mm
(平成25年版「理科年表」)

日本の人口の移り変わり

- 人口ピラミッドはつぼ型とよばれる。
- 少子高齢化が進み、0〜14歳の人口が少なく、65歳以上の人口が多いことを示している。
- 今後も少子高齢化が進む見通しである。

(2010年)
(2012/13年版「日本国勢図会」)

1.統計資料(日本の国土)

入試サポート❷ 統計資料（工業・エネルギー）

●アドバイス
日本の工業地帯，工業地域の特ちょうや，エネルギー源の特ちょうについてグラフから読み取る。

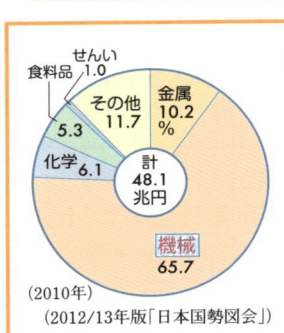

中京工業地帯のグラフ（2010年）
- 計 48.1兆円
- 金属 10.2%
- 機械 65.7
- 化学 6.1
- 食料品 5.3
- せんい 1.0
- その他 11.7

（2012/13年版「日本国勢図会」）

□中京工業地帯
- 日本でもっとも出荷額が多い工業地帯である。
- 機械の割合が全体の6割をこえている。豊田市を中心にして，自動車工業がさかん。
- 四日市市には，石油化学コンビナートがある。

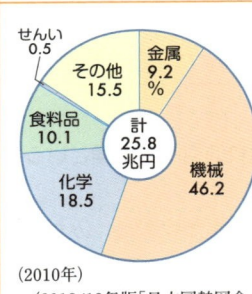

京浜工業地帯のグラフ（2010年）
- 計 25.8兆円
- 金属 9.2%
- 機械 46.2
- 化学 18.5
- 食料品 10.1
- せんい 0.5
- その他 15.5

（2012/13年版「日本国勢図会」）

□京浜工業地帯
- かつては日本一の出荷額をほこっていた工業地帯。
- 機械工業がさかんである。
- 他の工業地域にくらべて，出版社が多いため，印刷業が発達している。
- 川崎市には，大きな製鉄所や石油化学コンビナートがある。

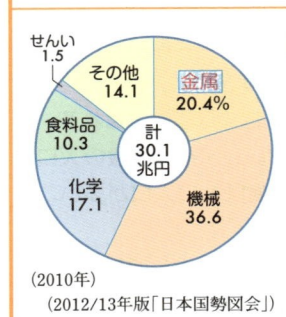

阪神工業地帯のグラフ（2010年）
- 計 30.1兆円
- 金属 20.4%
- 機械 36.6
- 化学 17.1
- 食料品 10.3
- せんい 1.5
- その他 14.1

（2012/13年版「日本国勢図会」）

□阪神工業地帯
- 加古川市や神戸市には大きな製鉄所があり，金属工業の割合が高い。
- 他の工業地域にくらべて，せんい工業の割合も高い。
- 中小工場が多い。
- 門真市などの内陸部では，機械工業がさかんである。

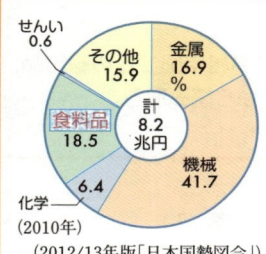

北九州工業地域(地帯)

せんい 0.6
その他 15.9
金属 16.9%
計 8.2兆円
食料品 18.5
化学 6.4
機械 41.7
(2010年)
(2012/13年版「日本国勢図会」)

・かつては，四大工業地帯の1つであったが，衰退した。
・近年は鉄鋼業が低迷し，自動車やIC(集積回路)の工場が進出している。
・食料品の割合が比較的高い。

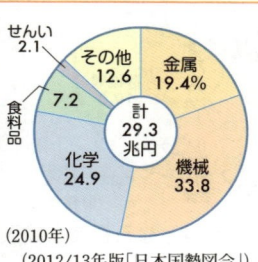

瀬戸内工業地域

せんい 2.1
その他 12.6
金属 19.4%
食料品 7.2
計 29.3兆円
化学 24.9
機械 33.8
(2010年)
(2012/13年版「日本国勢図会」)

・石油化学コンビナートを中心として発展しているため，化学工業の割合がたいへん高い。
・倉敷市の水島地区は，石油化学や鉄鋼のコンビナートが発達していることでよく知られる。

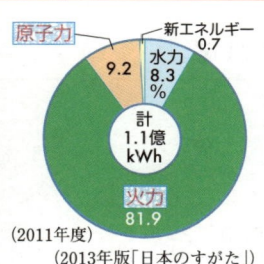

発電とエネルギー

原子力 9.2
新エネルギー 0.7
水力 8.3%
計 1.1億kWh
火力 81.9
(2011年度)
(2013年版「日本のすがた」)

・日本の発電の大部分は火力発電である。
・原子力発電も約9％をしめるが，安全性が課題である。
・太陽光や風力，水力など，環境にやさしいエネルギーへの移行が今後の課題である。

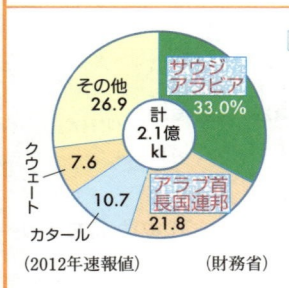

日本の原油の輸入先

その他 26.9
サウジアラビア 33.0%
計 2.1億kL
クウェート 7.6
カタール 10.7
アラブ首長国連邦 21.8
(2012年速報値) (財務省)

・日本はサウジアラビア・アラブ首長国連邦など，中東の国から原油を大量に輸入している。
・日本は，原油をほぼ100％輸入にたよっている。

2．統計資料(工業・エネルギー)

パート2　入試対策編

入試サポート❸ 統計資料（貿易・運輸）

●アドバイス
日本の貿易の特ちょう，貿易相手国ごとの輸出品，輸入品の特ちょうをグラフから読み取る。

日本の輸出入品目

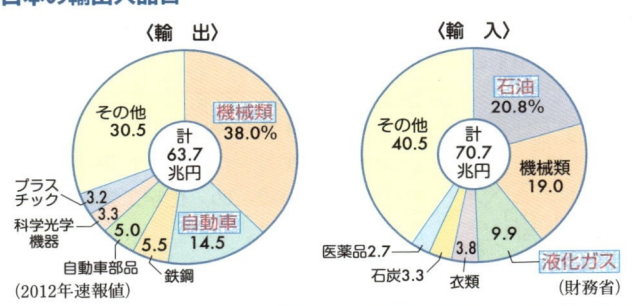

〈輸出〉 計63.7兆円
- 機械類 38.0%
- 自動車 14.5
- 鉄鋼 5.5
- 自動車部品 5.0
- 科学光学機器 3.3
- プラスチック 3.2
- その他 30.5

（2012年速報値）

〈輸入〉 計70.7兆円
- 石油 20.8%
- 機械類 19.0
- 液化ガス 9.9
- 衣類 3.8
- 石炭 3.3
- 医薬品 2.7
- その他 40.5

（財務省）

・日本はかつて，原料である石油や鉄鉱石，燃料となる石炭を輸入し，製品を輸出する加工貿易が中心であった。
・自動車関連の製品の輸出が多い。
・近年では機械類などの製品の輸入も増えている。

中国との貿易

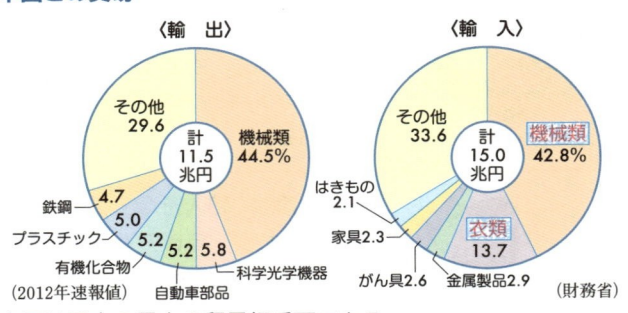

〈輸出〉 計11.5兆円
- 機械類 44.5%
- 自動車部品 5.8
- 科学光学機器 5.2
- 有機化合物 5.2
- プラスチック 5.0
- 鉄鋼 4.7
- その他 29.6

（2012年速報値）

〈輸入〉 計15.0兆円
- 機械類 42.8%
- 衣類 13.7
- 金属製品 2.9
- がん具 2.6
- 家具 2.3
- はきもの 2.1
- その他 33.6

（財務省）

・中国は日本の最大の貿易相手国である。
・日本は，中国に対して貿易赤字である。
・機械類は輸出，輸入ともに多く，衣類の輸入が多いのが特ちょうである。

□アメリカ合衆国との貿易

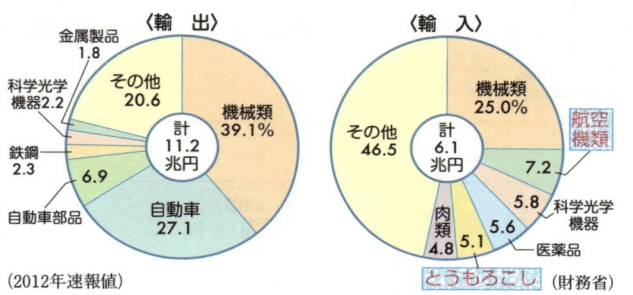

〈輸　出〉
- 金属製品 1.8
- 科学光学機器 2.2
- 鉄鋼 2.3
- 自動車部品 6.9
- その他 20.6
- 機械類 39.1%
- 自動車 27.1
- 計 11.2兆円

（2012年速報値）

〈輸　入〉
- 機械類 25.0%
- 航空機類 7.2
- 科学光学機器 5.8
- 医薬品 5.6
- とうもろこし 5.1
- 肉類 4.8
- その他 46.5
- 計 6.1兆円

（財務省）

- アメリカ合衆国は中国に次ぐ日本の貿易相手国である。
- 機械類，自動車関連製品の輸出が多く，とうもろこしの輸入が多いのが特ちょうである。

□日本の運輸

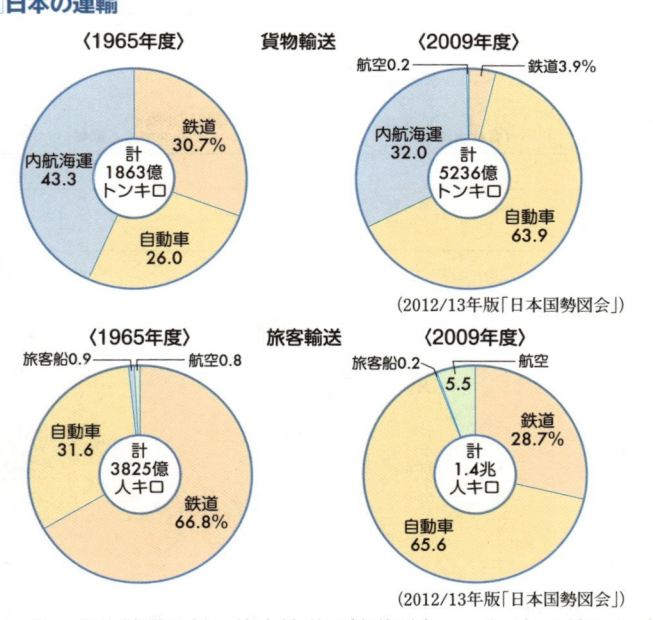

貨物輸送

〈1965年度〉
- 鉄道 30.7%
- 自動車 26.0
- 内航海運 43.3
- 計 1863億トンキロ

〈2009年度〉
- 航空 0.2
- 鉄道 3.9%
- 内航海運 32.0
- 自動車 63.9
- 計 5236億トンキロ

（2012/13年版「日本国勢図会」）

旅客輸送

〈1965年度〉
- 旅客船 0.9
- 航空 0.8
- 自動車 31.6
- 鉄道 66.8%
- 計 3825億人キロ

〈2009年度〉
- 旅客船 0.2
- 航空 5.5
- 鉄道 28.7%
- 自動車 65.6
- 計 1.4兆人キロ

（2012/13年版「日本国勢図会」）

- 以前は貨物輸送は船，旅客輸送は鉄道が多かったが，近年では貨物輸送，旅客輸送ともに自動車がもっとも多くなっている。

3．統計資料（貿易・運輸）

パート2　入試対策編

入試サポート❹ 統計資料（日本地図）

●アドバイス
日本地図の上位の都道府県から、作物の種類などを読み取る。

□米

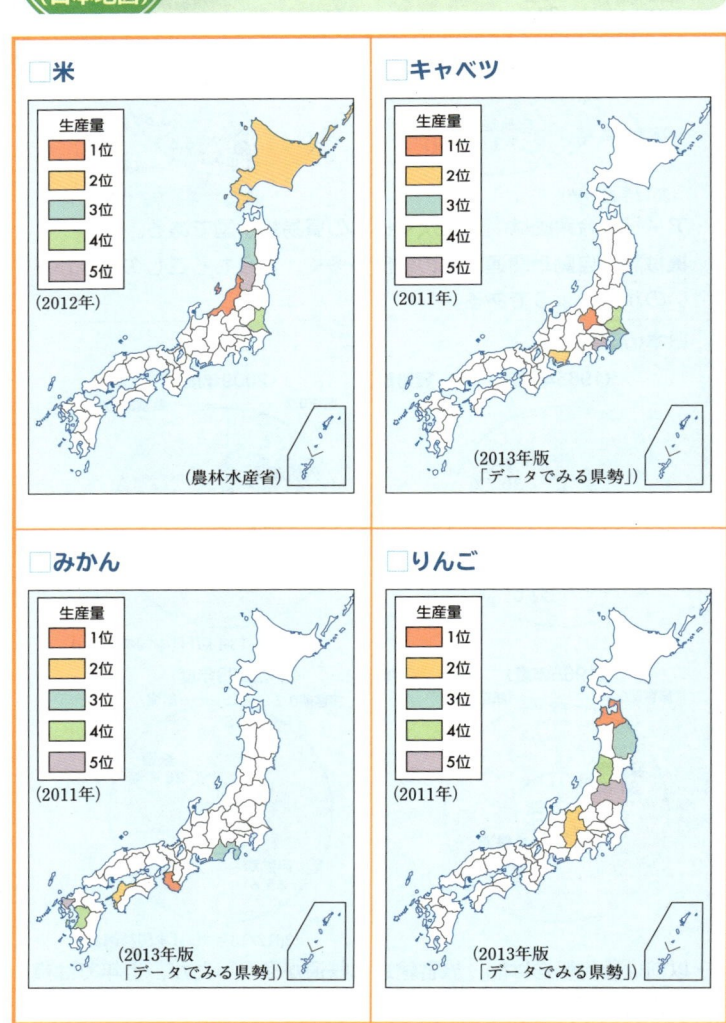

生産量
- 1位
- 2位
- 3位
- 4位
- 5位

(2012年)

(農林水産省)

□キャベツ

生産量
- 1位
- 2位
- 3位
- 4位
- 5位

(2011年)

(2013年版「データでみる県勢」)

□みかん

生産量
- 1位
- 2位
- 3位
- 4位
- 5位

(2011年)

(2013年版「データでみる県勢」)

□りんご

生産量
- 1位
- 2位
- 3位
- 4位
- 5位

(2011年)

(2013年版「データでみる県勢」)

農業産出額

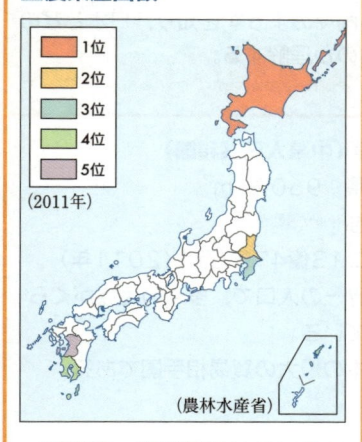

凡例:
- 1位
- 2位
- 3位
- 4位
- 5位

(2011年)
(農林水産省)

・千葉県・茨城県はいろいろな作物を幅広く生産している。

製造品出荷額

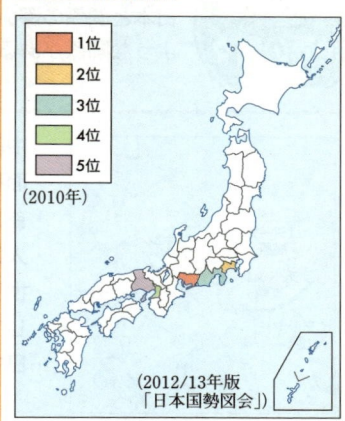

凡例:
- 1位
- 2位
- 3位
- 4位
- 5位

(2010年)
(2012/13年版「日本国勢図会」)

・愛知県は自動車の製造がさかん。

人 口

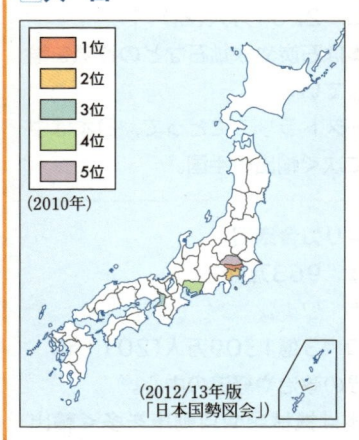

凡例:
- 1位
- 2位
- 3位
- 4位
- 5位

(2010年)
(2012/13年版「日本国勢図会」)

・太平洋ベルトの大都市に集中している。

漁獲量

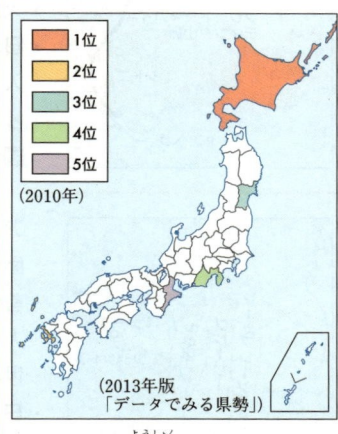

凡例:
- 1位
- 2位
- 3位
- 4位
- 5位

(2010年)
(2013年版「データでみる県勢」)

・北海道は養殖業もさかんである。

4．統計資料（日本地図）

入試サポート❺ 世界の国々

●アドバイス
日本と関係の深い国々のようすを知り、日本とどのような関係があるのか理解する。

□中国(中華人民共和国)
- 面積　960万km²
- 首都　ペキン
- 人口13億4757万人(2011年)
- 世界一の人口で、多くの民族がくらしている。
- 日本の最大の貿易相手国である。

□オーストラリア
- 面積　769万km²
- 首都　キャンベラ
- 人口　2261万人(2011年)
- 日本は石炭や鉄鉱石などの資源を輸入している。
- オーストラリアにとって、日本は中国に次ぐ輸出相手国。

□アメリカ合衆国
- 面積　963万km²
- 首都　ワシントン
- 人口　3億1309万人(2011年)
- 世界の政治や経済の中心。
- 日本は機械類や自動車を多く輸出し、機械類や食料を多く輸入している。

韓国(大韓民国)

- 面積　10万km²
- 首都　ソウル
- 人口　4839万人(2011年)
- 近年では工業生産が増加し,生活水準が向上している。
- IT産業が急速に発展している。
- 日本からの輸出,輸入ともに機械類の割合が高い。

サウジアラビア

- 面積　215万km²
- 首都　リヤド
- 人口　2808万人(2011年)
- ペルシア湾岸に位置し,世界でも主要な産油国。原油の産出量はロシアに次いで多い。
- 日本の原油の輸入の約3割がサウジアラビアでもっとも多い。

ロシア

- 面積　1710万km²
   　　　(世界最大)
- 首都　モスクワ
- 人口　1億4284万人
   　　　(2011年)
- 世界最大の産油国で,石油や石油製品を輸出して,機械類や自動車などを多く輸入している。

5. 世界の国々

パート2　入試対策編

入試サポート❻ 都道府県

● アドバイス
都道府県の形や地形，農業や工業の特ちょうについて知り，地図から判断できるようにする。

北海道
- 石狩平野では稲作がさかん。
- 十勝平野では畑作がさかん。
- 根釧台地では，大規模ならく農がさかん。
- 釧路港は水あげ量の多い漁港である。
- 明治時代に屯田兵がつくった札幌市は，碁盤の目状に道路がつくられる。

新潟県
- 日本一長い信濃川が流れる。
- 信濃川，阿賀野川流域に広がる越後平野では稲作がさかん。
- 阿賀野川流域では，四大公害病の1つである新潟水俣病が発生した。
- 県全体で，コシヒカリという米の生産がさかんである。

長野県
- 日本アルプス（飛騨山脈，木曽山脈，赤石山脈）は観光地としても有名。
- 諏訪盆地は工業地域となっている。
- すずしい気候を利用した高原野菜の生産がさかん。
- 長野県は内陸にある県で，まわりを8つの県と県境を接している。

静岡県

- 焼津港は,水あげ量が多く,日本一である年もある。
- 浜名湖ではうなぎの養殖がさかん。
- 浜松や磐田は工業がさかんで,楽器やオートバイの生産がさかんである。
- 牧ノ原台地では茶の生産がさかん。
- 静岡市は東日本と西日本を分けるフォッサマグナの西端にある。

愛知県

- 全国で工業出荷額がもっとも多い。
- 豊田市にある自動車会社,周辺の自動車部品をつくる関連工場による自動車工業がさかん。
- 中京工業地帯の中心となっている。
- 土地が川よりも低い所では,水害を防ぐために土地を堤防で囲った輪中が見られる。

鹿児島県

- 桜島は噴火をくり返している。
- 火山灰によってできたシラス台地では,畑作がさかんで,さつまいもや茶の生産がさかん。
- 世界自然遺産である屋久島には縄文すぎがある。
- 桜島は東側の大隅半島と陸続きである。桜島の西側には薩摩半島がある。

6. 都道府県

入試サポート❼ 日本地図

●アドバイス
日本地図を見て、それぞれの分布にどんな特ちょうがあるのかを読み取ろう。

日本の山地
- 東日本の山地は南北方向、西日本の山地は東西方向にのびている。
- 山地は日本全体を背骨のようにのびている。
- **飛騨山脈、木曽山脈、赤石山脈は日本の屋根**ともよばれる。
- 日本列島の**60%以上は山地**である。

自動車組み立て工場
●四輪車の組み立て工場
○二輪車の組み立て工場
(2012/13年版「日本国勢図会」)

- 日本一自動車の生産がさかんな**愛知県**に多く見られる。
- **太平洋ベルト**に多く見られる。
- **太平洋ベルト**以外では、群馬県や栃木県にも見られる。
- 日本の自動車工業は、海外にも進出して現地に工場をつくっている。

原子力発電所
●原子力発電所
(2013年版「日本のすがた」)

- 発電に大量の水を使うため、地盤がしっかりしている**沿岸部**に多い。
- 福井県から京都府の日本海側の**若狭湾**に原子力発電所が集中している。
- 安全面での課題も多い。2011年の**東日本大震災**では福島第一原子力発電所で深刻な事故が発生した。

四大公害病

- 熊本県で発生した**水俣病**，新潟県で発生した**新潟水俣病**，三重県で発生した**四日市ぜんそく**，富山県で発生した**イタイイタイ病**を，**四大公害病**とよぶ。
- 高度経済成長期の工業の発展により公害が多く発生した。
- 大規模な自然破壊は環境問題という。

桜の開花時期

- 桜の開花時期は，南にある地域ほど早く，南の地域から暖かくなっていくことがわかる。
- 複雑な曲線となるのは，日本列島が山がちで，標高による気温差もあるためである。
- 一般に，沿岸に暖流の黒潮（日本海流）が流れる地域の桜の開花が早い。

日本の災害

- 日本は，災害の中でも地震がとても多い。
- **北海道南西沖地震**や**東日本大震災**では，津波による大きな被害が出た。
- 日本列島は，台風の通り道となっており，その被害も多い。
- 日本には火山が多く，噴火による**火山灰**や**火砕流**などの被害も多い。

入試サポート❽ さまざまな図

●アドバイス
入試によく出る図を見て、用語の意味などを確認しておこう。

地球儀

- 横の線を緯線、縦の線を経線といい、地球上の位置を表すときは、緯度と経度で表す。
- イギリスの旧グリニッジ天文台を通る経線が経度0度、赤道が緯度0度である。

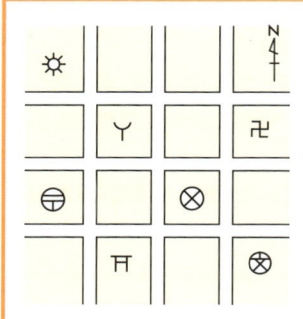

(図中ラベル：北極／赤道／経線／緯線／南極)

地図記号

- 地図では、ふつう、上が北となる。

☼ 工場　　Y 消防署
卍 寺院　　⊖ 郵便局
⊗ 警察署　⛩ 神社
㊉ 高等学校

国際連合の旗

- **正距方位図法**でかかれた世界地図のまわりが、平和を表すオリーブで囲まれている。
- **正距方位図法**は、中心からの方位ときょりが正しい。
- 南半球の地域も見え、南極以外の大陸すべてがえがかれている。

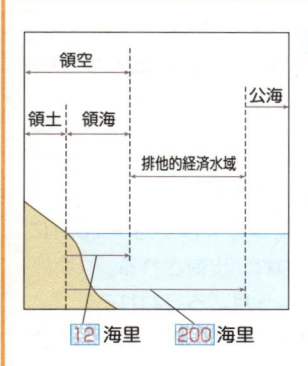

領海・排他的経済水域

- 沿岸から12海里までを領海といい、沿岸から200海里から、領海を除いた部分を**排他的経済水域**という。
- **排他的経済水域**では、漁業や資源を得る権利がある。
- 島国の日本は、領土の10倍以上の面積の排他的経済水域をもつ。

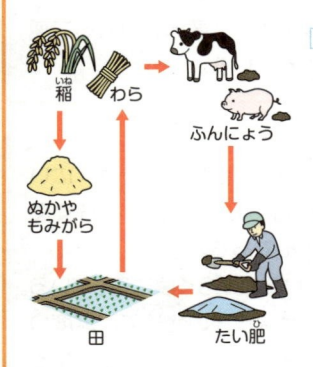

有機農法

- 牛やぶたのふんにょうをわらと混ぜてはっこうさせたたい肥や、ぬかやもみがらを田にまき養分のある土をつくる。
- 近年では化学肥料の使用が減り、有機農法による作物づくりが増えている。

伝統的工芸品

- おもに日常で使われる手作りのもので、100年以上にわたって原材料や製造技法が変わらないもので、国が指定した製品を**伝統的工芸品**という。
- **伝統的工芸品**に指定されたものは、伝統証紙を使用することが認められている。
- 2013年3月現在、伝統的工芸品は全国で215ある。

入試サポート⑨ 写真

●アドバイス
写真から特ちょうを読み取り、どの地域のものであるかを判断できるようにしよう。

☐米づくりのようす
- 稲かり・だっこくは9月～10月にかけて行われ、出荷される。
- 田植えは、5月ごろ行われる。
- 庄内平野などでは、機械化された大規模な米づくりが行われている。
- 沖縄では1年に2度米をつくる二期作が行われている。

☐大規模ならく農
- 北海道の根釧台地などでは、広い土地を利用した大規模ならく農がさかんである。
- すずしい気候がらく農に適している。
- 冷蔵・冷凍技術の発達で、鮮度の重要な生乳などを以前より長きょり輸送できるようになった。

☐扇状地
- 河川が山から流れ、平地に流れ出る部分の流域にできる。
- 土砂などが扇のような形に積もってできる。
- 果物の栽培がさかんである。
- 水はけのよい斜面であるため、ぶどうやももなどの栽培に適している。

□リアス(式)海岸
- 海岸線がのこぎりの歯のようにぎざぎざになっている地形。
- **三陸**海岸や**若狭**湾などで発達している(写真は対馬)。
- 漁港として利用されることが多い。

□原爆ドーム
- 広島県にあり，1996年に，**ユネスコ**の世界文化遺産に登録された。
- 原爆投下のような悲惨なことが二度とおこらないようにとの願いをこめて，**負の世界遺産**ともよばれる。

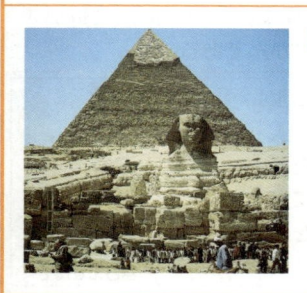

□スフィンクス
- エジプトでは，古代の王の墓である**ピラミッド**のまわりに置かれている。
- 顔は人の顔で，体はライオンとなっている。
- 世界一長い**ナイル川**の流域で栄えたエジプト文明でつくられた。

□風力発電
- 風の力で風車を回し，電気をつくる。
- 環境にやさしく，風は枯渇することがないので，これからの発電方法として注目されている。
- 風がないときに**太陽光発電**を行う発電機の開発などが進められている。

9．写　真

パート2　入試対策編

入試サポート⑩　用語

●アドバイス
ここにある用語は、解説から用語を答えるだけでなく、用語から解説部分を説明できるようにすると試験のときに役に立ちます。

用　語	解　説
1. IC（集積回路）	小さな板の上に、部品から配線までを一貫してつくった集積回路。コンピュータなどに使われる。
2. 加工貿易	工業原料・燃料を輸入し、工場で製品に加工して、輸出する貿易のこと。資源のない日本は加工貿易で発展したが、近年は他のアジア地域のほうが加工貿易がさかんで、日本は製品の輸入が多くなっている。
3. 季節風	季節によって吹く向きの変わる風。日本周辺では夏に南東風が台風などをよびよせ、冬に北西風が大雪やからっ風をもたらす。モンスーンともいう。
4. 近郊農業	人口の多い大都市むけに、大都市のまわりで野菜や花などをつくる農業のこと。東京に近い千葉県や茨城県などでさかんである。
5. 公害	工場などからの排出によって大気や水が汚れ、人の生活に悪影響をあたえるもの。1960年代に深刻化した。右の4つを四大公害病という。（新潟水俣病、イタイイタイ病、水俣病、四日市ぜんそく）
6. 高原野菜	高原のすずしい気候を利用してつくられる野菜のこと。長野県や群馬県の高原では、低地で冬につくられるはくさい・キャベツ・レタスなどを春からつくりはじめ、夏から秋にかけて出荷している。
7. 石油化学コンビナート	エチレンセンター（製油所）を中心とし、そのまわりに関連工場が集まっているところ。工場と工場はパイプなどで結ばれて、原料や加工途中の製品などを送っている。

8.	潮目	寒流と暖流のぶつかる所。三陸沖では黒潮（日本海流）と親潮（千島海流）がぶつかり，プランクトンやそれを求める魚がたくさん集まるので，よい漁場となっている。
9.	促成栽培	野菜や果物の早づくりのこと。気候が温暖な地域で，他の地域よりも早い時期に出荷できる。
10.	大陸だな	大陸のふちにある水深が200mくらいまでの傾斜のゆるい海底のこと。プランクトンがよく育ち，よい漁場となっている。
11.	地球温暖化	大気を暖める温室効果のある二酸化炭素（CO_2）などが増えることで地球の平均気温が上昇すること。化石燃料などを燃やした際に大量の二酸化炭素が排出されることなどと関連があるとされる。
12.	二期作	同じ耕地で，1年間に2回同じ作物をつくること。かつて高知平野では米の二期作が行われていた。同じ耕地で，2つの違う作物をつくるのは二毛作。
13.	バーコード	商品の情報（つくった国や会社の名前，商品名など）を，太さのちがう線で表したもの。
14.	北方領土	1945年にソ連が占拠し，現在，ロシアが占領している島々。
15.	養殖	いけす（海をあみで囲ったものや人工の池）で魚を育ててとる漁業。魚を放流して育ってからとるのは栽培漁業という。
16.	らく農	乳牛を飼い，生乳からバター・チーズなどの乳製品をつくる農業のこと。根釧台地でさかん。
17.	冷害	夏，気温が上がらずに，稲やその他の作物の生育が悪くなって，不作となること。

10. 用　語

● **写真提供**

阿蘇火山博物館　水産総合研究センター　㈱オオノ
国土交通省九州地方整備局大隅河川国道事務所
静岡県観光協会　ＪＡ計根別　田原市　帯広市
新エネルギー・産業技術総合開発機構(NEDO)
伊達市・虻田町・壮瞥町・豊浦町・洞爺村

（順不同・敬称略）

本書に関する最新情報は，下記本書の「サポート情報」をご覧ください。
（開設していない場合もございます。）
http://www.zoshindo.co.jp/gbook/eschool/22205.html

小学＆中学入試　日本地理　まとめ上手〈改訂版〉

編著者	小学教育研究会	発行所	受験研究社
発行者	岡　本　明　剛	©株式会社	増進堂・受験研究社

〒550-0013 大阪市西区新町2−19−15 ／ 電話 (06)6532-1581代 ／ FAX (06)6532-1588

注意 本書の内容を無断で複写・複製されますと著作権法違反となります。複写・複製されるときは事前に小社の許諾を求めてください。

Printed in Japan　ユニックス印刷・高廣製本
落丁・乱丁本はお取り替えします。